Materialien
Frau und Mann

Dittmar Werner

Materialien
Frau und Mann

Ein Kapitel feministischer Theologie

Sekundarstufe II

Ernst Klett Verlag für Wissen und Bildung
Stuttgart · Dresden

Gedruckt auf Recyclingpapier, hergestellt aus 100% Altpapier.

1. Auflage   1 6 5 4 3 2 | 1997 96 95 94 93

Alle Drucke dieser Auflage können im Unterricht nebeneinander benutzt werden, sie sind untereinander unverändert. Die letzte Zahl bezeichnet das Jahr dieses Druckes.
Alle Rechte vorbehalten.
Fotomechanische Wiedergabe nur mit Genehmigung des Verlags
© Ernst Klett Verlag für Wissen und Bildung GmbH, Stuttgart 1992
Satz und Druck: Wilhelm Röck, Weinsberg
Einbandgestaltung: Zembsch' Werkstatt, München
ISBN 3-12-268780-1

Inhalt

Einstieg und Motivation

1 Frauen: Margaret Thatcher, Steffi Graf, Mutter Teresa, Frauenfeindliche Werbung, Pfarrerin 6
2 Männer: Mahatma Gandhi, Otto von Bismarck, Rambo, Strickender Mann, Pfarrer 8
3 Mahnworte eines Seelsorgers an junge Hausfrauen 10

Frau-Sein – Mann-Sein: Selbstverwirklichung oder Selbstbestimmung?

4 „Ich möchte lernen, ich selbst zu sein" 13
5 Rainhard Fendrich, Macho, Macho 15
6 Anna Petermann / Christine Darmstadt, Frauen in Kneipen 16
7 Ina Deter, Frauen kommen langsam, aber gewaltig 18

Frau und Mann im Alten Testament

8 Der Sündenfall als Liebesfall 19
9 Drei Bilder: Lebensbaum / Todesbaum / Kreuz 22
10 Elga Sorge, ... er aber soll nicht dein Herr sein!
   Eine feministische Lektüre des Sündenfalls 25
11 Phyllis Trible, Gegen das patriarchalische Prinzip in Bibelinterpretationen 35
12 Helmut Gollwitzer, Das Hohe Lied der Liebe 41

Der Mann im populären deutschen Lied

13 Ina Deter, Neue Männer braucht das Land 48
14 Herbert Grönemeyer, Männer 49

Frau und Mann im Neuen Testament

15 Franz Alt, In der Schule von Frauen 50
16 Franz Alt, Der Traum von einem Mann 54
17 Franz Alt, Männer: Gesetz oder Geist? 56
18 Franz Alt, Jesus: Der männliche Mann 58
19 Franz Alt, Jesus: Der emanzipierte Mann 60
20 Frauen in der Theologie des Paulus 62
21 E. Gerstenberger / W. Schrage, Eins in Christus 67
22 E. Gerstenberger / W. Schrage, Perspektiven 69

Was ist feministische Theologie?

23 C. Halkes, Was ist feministische Theologie? 73
24 C. Halkes, Feministische Theologie will befreien 77

Quellenverzeichnis 80

Einstieg und Motivation

1 Frauen

Margaret Thatcher

Aus: Frankfurter Rundschau vom 23. 11. 1990

Steffi Graf

Aus: Darmstädter Echo vom 31. 12. 1990

Mutter Teresa

Frauenfeindliche Werbung

Aus: Elefanten Press, Berlin

Aus: Darmstädter Echo vom 25. 9. 1990

Pfarrerin Gisela Hahn-Rietberg

2 Männer

Clint Eastwood als
Detektiv „Dirty Harry"

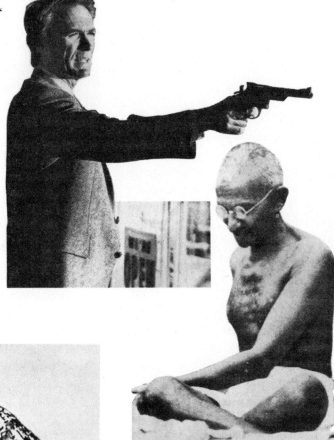

Otto von Bismarck

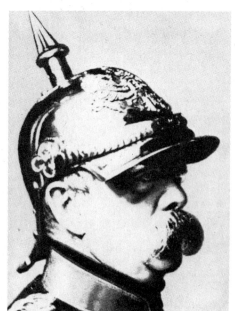

Mahatma Gandhi
Aus: Darmstädter Echo vom 23. 6. 1990

Aus: Religion heute, 1/1990

Strickender Mann

Rambo

Aus: Religion heute, 1/1990

Aus: Religion heute, 1/1990

Pfarrer Johannes Rietberg

3 Mahnworte eines Seelsorgers an junge Hausfrauen

Es ist wohl noch nicht lange her, meine Tochter, daß du im Brautschmuck mit Myrthenkranz und weißem Schleier an deines Mannes Arm aus der Kirche zum ersten Male als Frau dein Haus betreten. Der Segen Gottes war durch die Hand des Priesters reichlich über dich ausgegossen und du fühltest dich überglücklich, voll der schönsten Hoffnungen. Sind deine damaligen Hoffnungen von dem geträumten, häuslichen Glück in Erfüllung gegangen? – Mußt du hier mit einem traurigen „Nein" antworten, dann schiebe die Schuld daran, daß sie unerfüllt geblieben sind, ja nicht auf besondere Verhältnisse oder gar auf deinen Mann; sie liegt ganz gewiß an dir selber, weil es dir entweder an den nöthigen Kenntnissen, oder an den zur Begründung des häuslichen Glückes nothwendigen Tugenden gefehlt hat. Doch lasse deßhalb den Muth nicht sinken! Was dir noch fehlt, das kannst du noch immer lernen, und was du noch nicht geworden bist – glücklich meine ich, – das kannst du noch werden. Dies Büchlein will dir ja helfen, die dir noch fehlenden Kenntnisse im Hauswesen zu erlangen; möge es dir auch helfen, die dir noch mangelnden Tugenden zu erwerben! Drum will ich dir die wichtigsten derselben hier vor Augen stellen. Befolgst du meine Mahnworte, dann wirst du das gewünschte häusliche Glück ganz sicher erlangen.

Sei vor Allem gottesfürchtig und fromm! und suche auch im Herzen deines Mannes stets die Gottesfurcht zu wecken. „An Gottes Segen ist Alles gelegen", ohne ihn kannst du kein Glück und keine Zufriedenheit finden, du magst es anstellen, wie du willst. Mögen Andere noch so viel auf Geld und Gut und eigene Kraft vertrauen, halt' du dich immer treu an deinen Gott. Von ihm kommt alles Gute, er hat dein Wohl und Weh', Gesundheit und Krankheit, Alles ganz in seiner Hand. Drum befolge stets den Rath: „Mit Gott fang' an, mit Gott hör' auf!" *Beginne Alles, das Kleine wie das Große nur „mit Gott";* jeden neuen Tag, jede schwere Arbeit, jede ernste Sorge – fang' sie an „mit Gott", d. h. mit Gebet. *Vergiß doch nie dein tägliches Gebet!* Bete kurz, wenn du wenig Zeit hast, aber stets mit Andacht und – wenn's nur immer möglich – mit deinem Manne zusammen. Hör' nicht auf, ihn zu bitten und mit all' deiner Liebe ihn zu drängen, daß er doch jeden Morgen und jeden Abend mit dir niederkniet zu gemeinschaftlichem Gebet und nicht zum Tische hintritt oder davon aufsteht, ohne sich mit dir zum Gebet zu erheben. Thue auch dein Bestes, deinen Mann zu bestimmen, mit *dir zusammen pünktlich zur Kirche, fleißig zur Predigt und regelmäßig zum Tische des Herrn* zu gehen.
Die gemeinschaftliche Erfüllung der religiösen Pflichten schlingt das festeste Band um zwei liebende Herzen und macht ihre Zuneigung heilig und unzerstörbar, während bloß sinnliche Zuneigung gar leicht und gar bald zerfällt. So lange ihr Beide gottesfürchtig und fromm bleibt, kannst du sicher sein, daß Gott euch nie verläßt und deines Mannes Herz dir nie entfremdet wird. (…)

Ertrage die Fehler deines Mannes mit Geduld!
Du selber bist doch wahrlich auch nicht ohne Fehler, dein Mann muß doch oft genug auch mit deinen Schwächen Geduld haben. Wie kannst du da gleich so unwirsch, so schnell verletzt, so bitter gekränkt sein, wenn er einmal in der Übereilung ein liebloses Wort gebraucht hat!

Er hat nun einmal den Fehler, schnell aufgeregt und heftig zu werden, besonders, wenn ihm auf der Arbeit oder sonst so etwas Verdrießliches begegnet ist; – warum willst du nun gleich grollen, wenn er in solcher Stimmung sich auch einmal gegen dich vergißt? Es ist ja nicht so bös gemeint, und er macht es gewiß auch schnell wieder gut, wenn du das kränkende Wort geduldig hinnimmst. Antwortest du ihm dann aber sofort ebenfalls mit bitteren, kränkenden Worten, dann ist alsbald ein trauriger Zwist vorhanden und der Glücksstern der Liebe oft für lange Zeit von einer schwarzen Wolke verhüllt. *Hüte dich aber, jemals über die Fehler deines Mannes mit Andern zu sprechen.* Auch deiner vertrautesten Freundin darfst du sie nicht verrathen, sonst ist es um deine Geduld für immer geschehen. Sind sie ohne dein Zuthun bekannt geworden, dann such' sie doch stets zu entschuldigen, wenn sie dir auch noch so schmerzlich sind. Trage dies Leid ganz allein und still für dich, klag' es nur Gott und such' nur bei ihm deinen Trost. Auch größere und schlimme Fehler des Mannes sollst du mit Geduld ertragen und in Liebe zu bessern suchen. Bleibt dein Mann des Abends länger aus, als dir lieb ist, länger im Wirtshaus, als es sich schickt, dann bezähme doch ja deine Ungeduld und beherrsche deinen Unwillen. Machst du es in diesem Falle wie so viele unvernünftige Frauen und fängst gleich an, den Mann mit den bittersten Vorwürfen zu überhäufen, oder gar Schimpfworte zu gebrauchen, dann besserst du ihn niemals, sondern du machst das Übel immer schlimmer. Zeigst du dich aber bloß betrübt über solchen Leichtsinn, mahnst du ihn nur mit sanften, liebevollen Worten, dann kannst du ihn leicht von diesem traurigen Fehler abbringen, wenn du nur stets besorgt bist, daß ihm seine Häuslichkeit angenehm wird und daß ihm nichts lieber ist, als seine Frau. Bist und bleibst du ihm unentbehrlich, dann wird er nicht zu sehr nach dem Wirtshaus verlangen und auch nicht leicht zu lange drin verweilen. Damit du aber deinem Manne stets so lieb und werth bleibest, (...)

Liebe über Alles Reinlichkeit und Ordnung
Könnte ich dir doch, meine Tochter, das Lob dieser Tugenden so begeistern, daß es niemals verklänge aus deinen Ohren, daß es vom frühen Morgen bis zum späten Abend darin wiederhalle! Die Reinlichkeit ist die Beschützerin der Gesundheit, der Hort der Sittsamkeit, die Grundlage aller Schönheit und auch deiner Schönheit. Ohne sie ist dein Haus widerwärtig, sein Schmuck ekelhaft, alle Zierde und selbst das Gold nur häßlich; ohne Reinlichkeit und Ordnung ist das ganze Familienleben höchst unbehaglich. So hege und pflege denn doch auch diese Tugenden unablässig. Wenn du noch so sparsam geworden bist, – spare nie an Wasser, dieser kostbaren Gabe, die Gott dir so billig und in so reicher Fülle spendet; spare nie an Seife und stelle Besen, Stauber und Abwischer nie zu weit aus dem Wege, sie sollen dir so lieb und werth sein, wie dem Schmied der Hammer, dem Schreiner die Säge, dem Weber die Spule. Halte alles in Ordnung und rein, was dir untersteht und nur irgend im Bereich deines Hauses weilt, aber vor allem auch dich selber. Vergiß es nie, daß dein Leib ein Tempel Gottes ist, halt' ihn heilig und mache keine Vogelscheuche d'raus. Wasche täglich und zwar mehr als einmal, nach Vollendung jeder schmutzigen Arbeit: Hände, Gesicht und Hals, sei nicht nachlässig im Ordnen deiner Haare, im Reinigen deiner Zähne und im Wechseln deiner Wäsche und besorge auch allen Familienmitgliedern frische, reine Wäsche recht oft und regelmäßig. Gesundheit und Frohsinn wird dein Lohn sein.

Ich zweifle nicht, meine Tochter, daß du die Tugenden, die ich dir hier anempfohlen, für edel und schön hälst. Wenn vielleicht eine meiner Bemerkungen hie und da ein leichtes Kopfschütteln bei dir hervorgerufen, so hast du sicher nicht gedacht: es ist „verkehrt", sondern höchstens: „das ist mir zu schwer". Sollte dies der Fall sein, dann nur nicht zaghaft, nicht kleinmüthig! Was dir zu schwer scheint, hast du sicher noch nicht ernstlich versucht. Nur frisch und munter angefangen mit der Übung der uneigennützigen Liebe, der Bescheidenheit, der Geduld und Sanftmuth! Nur wacker angefangen mit dem Fleiß, der Sparsamkeit, der Reinlichkeit und Ordnungsliebe! Du wirst schon bald deine größte Freude dran finden, wenn du nur ernstlich und ausdauernd danach strebst. Jede Tugend – auch die hier empfohlenen – lernt man erst dann schätzen und lieben, wenn man sie ausübt.

Vor einem großen Hinderniß im Streben nach diesen Tugenden muß ich dich aber noch eindringlich warnen, es ist das: der Umgang mit plaudersüchtigen Frauen.

Aus: J. Menschik, Grundlagentexte zur Emanzipation der Frau

Frau-Sein – Mann-Sein:
Selbstverwirklichung oder Selbstbestimmung?

4 „Ich möchte lernen, ich selbst zu sein"
Siebzehnjährige Oberschülerinnen schreiben über sich

Ulla
Über meine Erziehung als Frau kann ich nicht viel sagen. Ich habe, wie wohl die meisten Mädchen, Puppen gehabt und auch damit gespielt. Ich war nie sehr begeistert von meinen Puppen, aber manchmal war es schön, etwas zu haben, woran ich meine Aggression und meine Zärtlichkeit auslassen konnte. Selbst Autorität sein, selbst Mutter spielen, besonders dann, wenn meine Mutter mich geärgert hatte. Es waren immer sehr extreme Stimmungen, in denen ich mich meinen Puppen oder besser meiner Lieblingspuppe zugewendet habe: aus einer totalen Verzweiflung heraus, wenn z. B. meine Geschwister (Bruder 6 Jahre älter, Schwester 3 Jahre älter) nicht mit mir spielen wollten; aus einem Wutgefühl heraus, wobei ich meine Puppe bewußt sadistisch gequält habe, verhauen, mit Liebesentzug bestraft, an die Wand geworfen ... oder aus einer Zärtlichkeit heraus, wenn ich sie geliebt, gestreichelt, geküßt habe, eben eine „liebe Mutter" war.

Meine große Puppenzeit hatte ich mit 9 bis 10 Jahren. Zu der Zeit waren die sogenannten Modepuppen auf den Markt gekommen, und meine Freundin und ich waren davon begeistert. Mit ihnen haben wir die Sexualität, so wie wir sie im Aufklärungsunterricht mitbekommen hatten, nachgespielt. Das war eine sehr spannende Sache! Wie „das" jetzt genau abläuft, hatte man uns nicht gesagt, und wir waren sehr am Detail interessiert. Vage Vorstellungen davon, daß der Mann eben einen Penis hat und die Frau eine Vagina, und daß der Mann irgendwann seinen Penis in die Vagina der Frau einführt ... Durch die Puppen haben wir unsere eigenen Vorstellungen ausgedrückt. Wichtig ist dabei, daß wir uns sehr sadistisch-masochistische Spiele ausgedacht haben. Das arme Mädchen, das vergewaltigt wird ... Dabei haben wir uns, glaube ich, mehr mit dem „Mann" als mit der Frau identifiziert. Gerade diese sexuell-betonten Spiele waren sehr geheim. Wir hätten nie jemandem davon erzählt. Es war etwas Verbotenes, sehr Faszinierendes, Erregendes.

Auch unsere anderen Spiele waren sehr rollenbezogen. Eins unserer favourites war das Prinzessinspiel. Wir haben uns verkleidet (Stöckelschuhe, lange Kleider ...) und eben Prinz und Prinzessin gespielt. Bei diesen Spielen mußte es immer, oder fast immer, einen Mann geben, das gehörte dazu. Das Problem war nur, daß keine von uns der Prinz sein wollte. Das gab laufend Konflikte. Jede wollte die schwache Prinzessin sein, die ohnmächtig wird, gerettet wird, sich hübsch machen darf. Der Prinz mußte eben stark sein, mußte die Prinzessin aus ihren Miseren retten, durfte auch keine schönen Kleider anhaben; hatte also eine für uns nicht erstrebenswerte Rolle.

Auf der anderen Seite habe ich das Schwachsein, Schönsein, Schöne-Kleider-Haben von Frauen immer abgelehnt. War sehr stolz darauf, genauso auf Bäume klettern zu können, genauso Mutproben bestehen zu können wie die Jungen, mit denen ich zu tun hatte. Ich wollte auch ein Junge sein! Mit ca. 12 Jahren war mein Jungeseinwollen am stärksten ausgeprägt. Trotzdem war es mir irgendwo in meinem Kopf klar, daß ich einmal heiraten und Kinder kriegen würde. Zu der Zeit begann sich meine Schwester für Jungen zu interessieren, auf die ersten Parties zu gehen, sich zu schminken. Ich konnte das einfach nicht verstehen und habe es rundweg abgelehnt. „Wie kann ein normaler Mensch sich das Gesicht anmalen, sich hübsch anziehen, nur für ein paar ohnehin doofe Typen, mit denen man wenig anfangen kann?" Ich wußte eins mit 100% Sicherheit: „So wirst du nie!" Ich konnte es nicht begreifen, was daran schön sein soll, mit einem Jungen zu gehen und sich zu küssen. – Diese Vorstellung hat sich so lange gehalten, bis meine Klasse auch in die Partyzeit kam. Am Anfang habe ich mich noch davon distanziert, aber mit der Zeit bekam ich mit, daß du als Frau nur etwas giltst, wenn du einen Freund hast, daß es wichtig ist, wenn mich die Jungen gut finden, und daß ich auch selbst etwas dazu tun muß: kurzes Röckchen anziehen, Wimperntusche, Brauen zupfen etc. Das habe ich dann zusammen mit meiner Freundin auch gemacht. In der Zeit gingen alle meine Mädchenfreundschaften ziemlich am Arsch. Ein unsinniger Konkurrenzkampf setzte zwischen uns ein. Jede wollte besser, begehrenswerter, weiblicher sein als die andere. Wir haben uns gegenseitig ausgespielt. Das war eine sehr schlimme Zeit. Ich fühlte mich wahnsinnig allein und isoliert.

Seit dem Dezember 1973 hatte ich eine sehr intensive Zweierbeziehung zu einem 4 Jahre älteren Jungen. Für diese Beziehung habe ich meine anderen Beziehungen zu Mädchen alle einschlafen lassen. Auch eine sehr intensive Freundschaft zu einem Mädchen, eine platonische Liebe, habe ich aufgegeben. Ich habe mich voll dem A. zugewendet. Nach einiger Zeit stellte ich fest, daß ich außer ihm niemanden mehr hatte, daß er meine gesamte Stabilität ausmachte ...

Sabine
Ich glaube nicht, daß meine Erziehung typisch ist für die Erziehung zur „Frau". Ich hatte die gleichen Freiheiten wie mein Bruder, gerade spielerisch gesehen, ich durfte dreckig und „wild" sein, wie es damals meinen Bedürfnissen entsprach. Allerdings sehe ich heute, daß meinem Bruder technische Aufgaben erteilt werden, mir dagegen mehr die Hausarbeit zugeschoben und erklärt wird, da ich doch mal eine Familie und Kinder haben soll, was ich, bis jetzt wenigstens, gar nicht möchte. Meine Mutter meint aber, daß Menschen, die nicht dem angeblich „natürlichen" Trieb folgen und eine Familie gründen, unfähig seien, mit einem Partner zu leben, also egoistisch und selbstliebend sind. Diese Meinung beeinflußt mich nicht mehr und ich möchte versuchen, mir so viel Kraft und Selbstbewußtsein zu schaffen, daß ich meinen Weg gehen kann, ohne ein totales Abhängigkeitsverhältnis wie die Ehe einzugehen.

Manchmal erwische ich mich doch in der Rolle der „Hausfrau", wenn meine Eltern nicht da sind. Ich fange dann eher an zu kochen und zu waschen als mein Bruder, was mich sehr ärgert; aber meine Mutter hat eben *mir* erklärt, wie die Waschmaschine funktioniert. Oder wenn Freunde uns besuchen, fühle ich mich in einer Gastgeberrolle, koche Tee und backe auch mal. Mir ist das schon bewußt, und deshalb glaube ich, daß ich diesen Zwang überwinden kann, d. h. für mich das richtige Verhalten finde. Manchmal ist da ein innerer Konflikt in mir, denn bei manchen Freunden koche ich eben gerne etwas, da ich weiß, sie freuen sich und wissen es zu

schätzen. Aber dann denke ich, sone Scheiße, jetzt gibst du wieder das typische Frauenbild ab, obwohl du es ablehnst und emanzipiert sein möchtest und als eine, die auf dem Weg zur Emanzipation ist, verstanden und akzeptiert werden willst. Kochste also, stehste so *da;* und wenn nicht, ist es dann nur Prinzipienreiterei? Das lehnst du auch ab.
Dann noch der Punkt mit der Kleidung. Ich solle mich etwas „mädchenhafter" anziehen, nicht so gleichgültig sein damit, das sehe nicht schön und „vorteilhaft" aus. Mir sind schönere Sachen nicht wichtig, zu teuer und zu unpraktisch. Außerdem verbinde ich mit diesem Schöner-anziehen eine Zur-Schau-Stellung meines Körpers, was ich rational gesehen fast ablehne, weil ich meinen Körper nicht lieben will aufgrund seines „Reizes", den er ausübt, sondern ein natürliches Verhältnis zu ihm haben möchte, unabhängig von seinem Aussehen. Andererseits bin ich noch nicht so weit, daß ich auch nach meinem Denken handeln kann, d. h. ich finde es manchmal schon ganz gut, wenn Typen gucken, ich schminke mich sogar manchmal aus diesem Grund. Allerdings weiß ich, daß ich Schminken nur nötig habe, wenn ich unzufrieden mit meinem Äußeren bin, mich nicht schön finde, was aber wieder mit der Bestätigung von anderen zusammenhängt. Und solche Momente zeigen mir deutlich, wie weit ich von meinem „Ziel", wenn man das so nennen kann, noch weg bin, und wie sehr ich die Bestätigung (natürlich nicht nur äußerlich) brauche.

Aus: Kursbuch 47

5 Rainhard Fendrich, Macho, Macho

Er hat an Hintern wie Apollo.
In seinen Hüften schwingt Elan,
hat einen Charme wie René Kollo
und einen Blick wie Dschingis Khan,
„Du bleibst ein Leben lang ein Doodl",
hat ihn sein Lehrer oft geneckt,
„bei dieser Unterhosenmoodl,
ein Macho und ein Lustobjekt."

Macho, Macho kannst net lernen,
Macho, Macho muß ma sein ...

Die Mutter ruft ihn heut noch Seppl,
doch seine Freund sag'n Miami.
Er war zwar in der Schul an Deppl,
aber das stört die Damen nie.
Schon wieder kommt ein lecker Mallje
und greift ihm listig an's Gesäß,
kein Wunder bei der Wespentaille,
wird jede Klosterfrau nervös.

Oh Macho, Machos komm'n in Mode,
Macho, Machos sterben net aus ...

Sie liebt Schimanskis Mörderhämmer
und liegt oft wach im Schlafgemach.
Der Gatte im Flanellpyjama
vergreift sich nur am Tiefkühlfach.
Sie träumt von Eros Rambazottel und
    Julio Iglesias,
doch neben ihr der zahme Trottel,
    sagt nur:
„Gib Ruh, jetzt lese was."

Nur Macho, Machos ham die Härte,
Macho, Machos g'hört die Welt ...

Fechter Musikverlag KG, Wien/
Gedur Musikverlag GesmbH, Wien

Dann ist Samstag – eigentlich ein schlechter Tag zum Ausgehen, weil er zum Ausgeh-Tag abgestempelt ist. Christine und ich telefonieren am Nachmittag. Was machen wir nur heute abend? Keiner hat Lust, zu Hause zu bleiben, Nach kurzem Hin- und Hergerede über das Ziel wollen wir in die City. Wir verabreden uns für 23 Uhr bei mir. Bis dahin schalte ich den Fernseher an, dabei kann ich dann noch etwas lesen und meinen Pullover weiterstricken. Zur verabredeten Zeit werde ich durch meine schrille Klingel aus dem Stuhl hochgerissen. Ich ziehe mir schnell die Jacke an und losgeht's.

In der Kneipe registriert ein Blick in die Runde angenehme Gesichter. Wir gehen zur Theke und bestellen etwas zum Trinken. Die Leute drängeln an uns vorbei. Ich kann die Enge nicht ertragen und suche mir etwas mehr Luft in Türnähe. Brigitte kommt rein, gefolgt von einem Mann. Kurze Begrüßung und ein paar belanglose Sätze. Sie sucht jemanden und verschwindet im Gewühle.

Zwei Männer fallen mir auf – unsichere Kontaktsuche mit Blicken. Brigitte kommt zurück, geht aber gleich, da sie wegen einer Arbeitsgruppe früh aufstehen muß. Die Tür schließt sich hinter ihr und dem Begleiter, wird dann noch einmal aufgerissen. Die beiden erscheinen wieder, sie lachen. Der Mann sagt zu mir: „Du bist doch die Anna. Ich hab dich gar nicht erkannt." Brigitte fügt hinzu: „Das ist der Milovan." Ich erinnere mich jetzt auch an ihn. Ein Ausflug in den Taunus, ein Essen mit vielen Leuten an einem großen Tisch. Er war dabei. Nett, daß er extra zurückkommt, um mich zu begrüßen. Ein Gespräch über Brigittes Studium entsteht.

Christine führt inzwischen einen Kampf mit zwei Typen hinter ihrem Rücken, die sie mit einer Knautsch-Puppe verwechseln müssen. Ich setze so nebenbei meinen Blickkontakt mit den beiden Männern fort. Ein Lächeln scheint mir in dem Moment noch verfrüht. Christine verkündet lautstark ihr Unbehagen. Wir sind alle empört und überlegen, ob wir zuschlagen sollen. Milovan besänftigt uns. Er fürchtet eine Keilerei.

Nachdem Brigitte und Milovan gegangen sind, räumen auch wir das Feld, d. h. wir bewegen uns auf die beiden Männer zu und stellen uns dicht neben sie. Es bleibt jetzt nichts anderes mehr übrig, als miteinander zu reden. Die zwei sind Schotten. Der Himmel weiß, wie sie hier reingekommen sind. Ich krame mein Schul-Englisch vor. Die Verständigung ist schwierig, sie klingen ganz anders als die Stimmen im AFN. Ein Satz wird trotzdem von uns verstanden: „Fühlt ihr euch glücklich hier in der Kneipe?" Die Frage trifft ins Mark – statt einer Antwort lachen wir. Die holperige Kommunikation macht Spaß, an diesem Ort ist Vollkommenheit fehl am Platz.

Der eine Schotte ist ziemlich blau, seine Gesten stoßen ständig ins Ungewisse. Er wirkt rührend hilflos. Der andere hält sich freundlich zurück, er erscheint noch standfest und etwas älter. Die Kneipe wird immer voller. Ich mache ständig Ausweichbewegungen, um den ärgsten Bedrängungen zu entgehen. Der Schotte schwankt zwischen Christine und mir. Hin und wieder sucht er Halt und Anlehnung. Plötzlich sehe ich Richard. Ich zupfe ihn am Ärmel. Er umarmt mich und sagt: „Schön, dich mal wieder zu sehen. Mensch, wir haben uns wirklich lange nicht gesehen!" Ich stimme zu. Christine und ich schieben ihm den Schotten zu.

Richard kann gut Englisch und unterhält sich fließend mit ihm.
Die Zeit vergeht schnell, es ist bald zwei Uhr. Langsam leert sich der Raum. Wir wollen auch gehen. Ich verabschiede mich von Richard. „Was, du willst schon gehen? Och, das kannst du doch nicht so einfach machen." „Doch". „Soll ich mit dir gehen?" „Nein." „Ach, du hast noch etwas vor." „Ja, aber du kannst mich ja mal wieder anrufen." „Okay, mach ich." Dann noch ein Lächeln samt bye, bye für die Schotten und draußen sind wir.
Die kleine Lüge Richard gegenüber tut mir leid, weil ich ihn gern mag. Ich habe nämlich gar nichts mehr vor, zumindest nicht das, was er sich wahrscheinlich darunter vorstellt. Ein anderes Mal werde ich ihn mitnehmen, nur heute habe ich überhaupt keine Lust zum Vögeln. Meine Gelüste sind auf ein anderes Ziel gerichtet. Im Auto stelle ich mir vor, wie ich zu Hause genüßlich unter meiner Bettdecke liege und lese – vielleicht dabei noch ein bißchen Radiomusik höre. Bestimmt hätte ich das auch gerne mit Richard gemeinsam gemacht. Aber wie könnte ich ihm meine Bedürfnisse verständlich machen?

Freitags gegen acht teilt mir Anna am Telefon mit, daß sie müde ist, kaputt, nirgends hingehen kann, nur noch schlafen will.
Anna kann also nicht. Die Möglichkeit, sich – wie an vielen anderen Abenden – durch „Unter-die-Leute-gehen" zu betäuben, scheidet heute für sie aus. Also allein weggehen! Denn mir fällt die Decke auf den Kopf, ich habe von Montag bis Freitag den gleichförmigen Rhythmus: Büro, Straßenbahnnahkampf, Zuhausesein – mal allein, mal nicht –, Schlafengehen – mal allein, mal nicht –, hinter mir und muß jetzt raus. Den von Gewohnheit ausgetretenen Pfad zur Kneipe schaff ich auch allein.

Dort am Tresen stehen, drei Apfelkorn bestellen – das ist nicht schwer. Der Wirt weiß schon Bescheid und lächelt mir beim Reinkommen zu. Es sind die Leute da, die immer da zu sein scheinen. Ich wechsele einen längeren Blick mit jemand, der auch immer auf die gleiche Weise zurückschaut, aber nie redet. Ich würde ihn gern ansprechen, aber auf bekanntem Terrain kann man erst recht keine Experimente wagen. Gegen zwölf kommt ein „Neuer" rein, stellt sich so schräg hinter mich. Beim Bezahlen seines Biers trifft mich sein Ellenbogen an der Schulter. Er sagt: „Entschuldigung." Ich sage: „Macht nichts, bei der Enge hier ..." Ich denke, „macht nichts" hätte auch gelangt. Schon unbewußt der Versuch von mir, mit ihm ins Gespräch zu kommen? Ich dreh mich um, schau geradewegs in sein Gesicht. Kein schlechtes Gesicht, eins, in das man was hineinsagen möchte, was Anklang findet. Ich forsche und spüre Interesse. Wir beginnen zu reden. Er studiert erst seit drei Monaten in Frankfurt, lebt noch ziemlich beziehungslos hier, usw. usw. Während wir reden, habe ich mich schon entschieden, mit ihm ins Bett zu gehen – vorausgesetzt natürlich, daß auch er will. Offensichtlich will er, aber gegen eins plaudern wir immer noch Bangloses, müssen uns aber entscheiden, weil das Lokal jetzt schließt. Er kriegt nicht die Kurve. Ich sage: „Gehen wir zu mir oder zu dir?" Ich merke sein Stocken, einen Augenblick lang, dann scheint er erleichtert zu sein, sagt „ja, gehen wir zu dir".
Zwei Stunden später erklärt er mir immer noch, er sei wirklich nicht impotent, nur eben diese offene Frage von mir, und daß ich ihm so das Konzept einfach aus der Hand genommen hätte, daß der ganze „Ablauf" quasi nicht mehr von ihm bestimmt gewesen sei – das alles hätte ihn so durcheinander gebracht. Er würde es selbst nicht verstehen. Schon immer hätte

er sich gewünscht, eine Frau käme einfach auf ihn zu, spräche ihn an und ... aber nun? Er ist ganz verwirrt, durcheinander, hilflos. Ich streiche über seinen Rücken, den er mir als einziges noch zuwenden kann, tröste und sage, mir mache das nichts aus. Es macht mir auch wirklich nichts aus. Nur die Vermutung, daß in den starren, vorgeformten Bahnen weitergefahren werden muß, weil immer und ewig weibliche Passivität nur die Basis zur üblichen „Eroberung" – und sei es für eine Nacht – sein soll, macht mich stumm und verzweifelt. Es bedeutet, daß der Beginn einer Beziehung für eine Frau von ihr selbst kaum in Angriff genommen werden kann. Ich lehne meinen Kopf an diesen fremden, schlafenden Rücken und versuche, nicht mehr zu denken.

Aus: Kursbuch 47

7 Ina Deter, Frauen kommen langsam, aber gewaltig

Schlaue Frauen sind verdächtig, nehmen alles in die Hand.
Schlaue Frauen schlag'n auf'n Magen, müssen immer besser sein.
Schlaue Frau'n beweisen täglich ihr'n Verstand.
Schlaue Frauen jagen Männern Ängste ein.
Frauen machen ständig klar. Frauen lieb'n sich sonderbar.
Frauen setzen alles dran. Frauen nehmen's wie ein Mann.

    Starker Mann, was nun?
    Keine Zeit mehr, was zu tun.
    Frauen kommen langsam, aber gewaltig.

Starke Frauen hab'n schwache Nerven, wollen wie ein Wunder sein.
Starke Frauen trinken heimlich ganz allein.
Starke Frauen sind wie Kinder, wollen Komplimente hör'n.
Starke Frauen lassen sich schnell irreführ'n.
Frauen sind wie im Roman, rufen immer zuerst an.
Frauen suchen Zärtlichkeit, wollen was auf Ewigkeit.

    Starker Mann, was nun?
    Keine Zeit mehr, was zu tun.
    Frauen kommen langsam, aber gewaltig.

Schöne Frauen haben's leichter, hab'n die alten Tricks drauf.
Schöne Frauen fängt man vor dem Fallen auf.
Schöne Frauen werd'n blöd' angequatscht und billig angemacht.
Schöne Frauen muß man rumkrieg'n für 'ne Nacht.

    Starker Mann, was nun?
    Keine Zeit mehr, was zu tun.
    Frauen kommen langsam, aber gewaltig.

Mobi Music Verlag Ina Deter, München

Frau und Mann im Alten Testament

8 Der Sündenfall als Liebesfall

Zeus und Adam – die gebärenden Männer
Die auch im biblischen „Sündenfall" geschilderte Identifikation des Mannes mit der Frau und seine Initiation in weibliche Weisheit findet ihren patriarchalen Ausdruck im Bild des gebärenden Mannes. Die Identifikation mit bzw. Okkupation von weiblicher Schöpferin-Macht und Weisheit, die hier symbolisiert wird, war historisch gesehen der Beginn patriarchalen Machtmißbrauchs.

Zeus gebiert Athene aus dem Kopf
... Aber Athenes eigene Priester erzählen die folgende Geschichte über ihre Geburt: Zeus gelüstete es nach Metis, der Titanin. Um ihm zu entfliehen, verwandelte sie sich in vielerlei Gestalten. Zeus aber wurde ihrer doch habhaft und schwängerte sie. Ein Orakel der Mutter Erde verkündete dann, daß es ein Mädchen sein würde und daß Metis, sollte sie wieder empfangen, einen Sohn gebären würde, der vom

Zeus gebiert Athene

Schicksal bestimmt wäre, Zeus zu entthronen, so wie Zeus Kronos entthront hatte und Kronos den Uranos. Daher lockte Zeus sie mit honigsüßen Worten auf sein Lager, öffnete plötzlich seinen Mund und verschlang sie. Dies war das Ende der Metis [der Weisheit, E. S.], obwohl Zeus später behauptete, sie säße in seinem Bauche und gäbe ihm Ratschlag. Im Laufe der Zeit aber geschah es, als er entlang dem Ufer des Tritonsees wandelte, daß er von einem tobenden Kopfschmerz erfaßt wurde. Ihm schien, als ob sein Schädel bersten wollte. Er heulte vor Schmerz, bis das ganze Firmament erbebte. Da lief Hermes herbei, der sofort den Grund des Schmerzes erfaßte. Er überredete Hephaistos oder, wie andere sagen, Prometheus, Hammer und Keil zu bringen und einen Spalt in den Schädel des Zeus zu schlagen; und diesem entsprang die voll bewaffnete Athene mit einem mächtigen Schrei. (Robert von Ranke-Graves, Griechische Mythologie I, Hamburg 1981, S. 37f.)

Adam gebiert Eva aus seiner Rippe
Und der Mensch gab einem jeden Vieh und Vogel unter dem Himmel und Tier auf dem Felde seinen Namen; aber für den Menschen ward keine Gehilfin gefunden, die um ihn wäre. Da ließ Gott der HERR einen tiefen Schlaf fallen auf den Menschen, und er schlief ein. Und er

Eva wird von Adam geboren

nahm eine seiner Rippen und schloß die Stelle mit Fleisch. Und Gott der HERR baute ein Weib aus der Rippe, die er von dem Menschen nahm, und brachte sie zu ihm. Da sprach der Mensch: Das ist doch Bein von meinem Bein und Fleisch von meinem Fleisch; man wird sie Männin nennen, weil sie vom Manne genommen ist. Darum wird ein Mann seinen Vater und seine Mutter verlassen und seinem Weibe anhangen, und sie werden sein ein Fleisch. Und sie waren beide nackt, der Mensch und sein Weib, und schämten sich nicht. (1. Mose 2, 18.20–25)

Männer identifizieren sich mit Frauen
... Allein, in scharfem Gegensatz zu Freud's Ansichten werden wir zeigen können, daß die ursprüngliche Identifizierung nicht die des Sohnes mit dem Vater ist, sondern die des Mannes mit der Frau. Freud bemerkt, daß es häufig eine machtlose Person ist, die sich mit einer mächtigen, sie beherrschenden identifiziert und daß häufig die „Identifizierung eine partielle, höchst beschränkte ist, nur einen einzigen Zug von der Objektperson entlehnt".

Wir werden sehen, daß der von der Objektperson entlehnte „Zug" die Fähigkeit der Frau, Kinder zu gebären, war. Diese Schlüsselidentifizierung war es, die es den „Göttinnen" ermöglichte, die Männer mit Ämtern zu betrauen und sie an ihrer Macht teilnehmen zu lassen. Die Göttinnen glaubten, daß ihre intellektuelle Überlegenheit, ihr soziales Empfinden und Handeln und ihre Erfindungsgabe mit ihrer Fähigkeit, Kinder zu gebären, in Zusammenhang stände. Wenn die Männer glaubten, daß auch sie Kinder zur Welt bringen könnten, würden sie auch die Werte der Göttinnen übernehmen; die Identifizierung würde sich verbreiten. Wir dürfen auf Grund der vorliegenden Berichte annehmen, daß der Prozeß dieser Identifizierung von den Göttinnen geleitet oder zumindest ausgenützt wurde. Nur solche Männer wurden zu Königen erhoben, die die Identifizierung vollzogen hatten. Die Tatsache der Identifizierung, der Wunsch der Männer Kinder zu gebären, und ihr Glaube, daß Götter diese Fähigkeit hätten, und daß sie dadurch die schöpferische Kraft der Göttinnen erhalten könnten, ist unter den Mittelmeervölkern weit verbreitet und eine Fülle von Zeugnissen darüber liegt vor.

Die sonderbarste Sitte, welche die Identifizierung ausdrückt, ist das Männerkindbett, die Couvade. Sie findet sich auch heute in vielen Völkern in verschiedenen Erdteilen. Wenn das Kind geboren wird, geht der Vater zu Bett und benimmt sich wie die gebärende Frau. Er ahmt ihre Geburtswehen durch Stöhnen und Körperverdrehungen nach und zieht manchmal Frauenkleider an. Wir finden einige Berichte über die Sitte unter den Mittelmeervölkern der alten Zeit. Strabo berichtet von den iberischen Frauen: „Haben sie geboren, so bringen sie statt ihrer die Männer zu Bett und bedienen sie." (Josefine Schreier, Göttinnen – Ihr Einfluß von der Urzeit bis zur Gegenwart, München 1978, S. 37f.)

Aus: E. Sorge, Religion und Frau

9 Drei Bilder: Lebensbaum / Todesbaum / Kreuz

Der matriarchale Lebensbaum (Mosaik, Jericho, Palast des Hisham)

Der Baum als Sinn-Bild des Lebens, Sterbens und Wiederauferstehens
... seitdem ich die schwarze Magie des Satzes ‚Du mit deinen einfachen Wahrheiten' umgedreht hatte, so daß er lautet: ‚Die Wahrheit ist so einfach, daß jeder Mensch sie begreifen kann', besuchte ich meine Eiche zuerst hin und wieder und dann regelmäßig. Ich habe ihr so viele Unterweisungen zu verdanken, daß der Ort inzwischen ein Andachtsplatz für mich geworden ist. Die vergangene Wintersonnenwende haben wir dort gefeiert.
Soll ich dir erzählen, was die Eiche mich seitdem gelehrt hat? Es sind die alten Wahrheiten, du hast sie vielleicht schon gelesen, aber es macht einen Unterschied, sie mit dem Kopf zu verstehen oder die gleichen Wahrheiten mit allen Sinnen auch zu begreifen. Wenn du sie begreifen möchtest, dann mußt du sie anfassen, begreifen. Du mußt deinen Körper an den der Eiche legen, sie mit den Armen umfassen, mit ihr atmen und so lange warten, bis sie zu dir spricht.
Was sie mir erzählte, ist dies: „Tod und Wiedergeburt, Kommen und Wiedergehen, kannst du mir abschauen. Jetzt ist Winter.
Für jemanden, der das erste Mal auf den Planeten Erde kommen und mich so sehen würde, sehe ich wie tot aus. Starr, kalt, leer, abgestorben. Wer nicht genau schaut, vor allem, wer nicht weiß, wer

nicht unterrichtet ist, wer leugnet, der kann nicht sehen, daß ich unter der Erde in meinen Wurzeln, für den Betrachter unsichtbar lebe. Ich habe mein Leben vom Diesseits, vom Tagbewußtsein, ins Jenseits, ins Nachtbewußtsein, verlagert. Ich habe meine Kräfte von außen nach innen gezogen. Nur scheinbar schlafe ich einen Winterschlaf. In Wirklichkeit arbeite ich nach innen.

Im Frühling werde ich wieder ins Diesseits geboren. Dann können alle sehen, daß ich lebe. Dann wird jeder wissen, daß der Prozeß des Wachsens, Blühens, Früchtetragens, Reifens nicht mehr aufzuhalten ist. Ich erfülle den Lehrplan meines Lebensjahres. In der Hoch-Zeit des Jahres verschmelzen mein weibliches und mein männliches Prinzip. Nach der Hoch-Zeit, in der der höchste Punkt meiner Kreativität erreicht ist, beginne ich, meine Kräfte langsam wieder zurückzuziehen. Meine Früchte fallen ab. Vielleicht kommt irgend jemand daher und freut sich daran, Kinder, die Spielzeug daraus machen, oder Wildsäue, die sich die Eicheln holen. Du siehst, der Sinn meines Lebens ist, zu kommen, zu blühen, Früchte zu tragen, diese abzuwerfen und mich irgendwann im Spätherbst unter die Erde zurückzuziehen. Dies ist dann die Rückgeburt ins jenseitige Leben, ins Nachtbewußtsein. Jeder vernünftige Mensch weiß, daß dies so sein muß, daß das so ist und daß ich, weil ich jetzt so kahl, trocken und leer dastehe, nicht tot bin, sondern nur meine Erscheinungsform gewechselt habe. ...

Der Sinn meines Lebens ist also nicht, Menschen Schatten zu spenden, meine Rinde für Herz-Gravuren zur Verfügung zu stellen, Kindern mit Spielzeug zu dienen und meine Eicheln vor die Säue zu werfen. Das sind Nebenerscheinungen, Abfallprodukte. Der Sinn meines Lebens ist, zu leben." (Judith Jannberg, Ich bin eine Hexe – Edition die Maus, Bonn 1983, S. 125 f.)

Der patriarchale Baum des Todes (Deutschland, 16. Jh.)

Die Verurteilung des Baumkultes durch die patriarchale Religion

... Bisher sind uns die heiligen Bäume als Spender von Inspirationen sowie in anderen Funktionen einer geläuterten Gottheit begegnet. Allein sie weckten in den Hebräern, wie in allen Völkern des Alten Orients, auch hiervon gänzlich abweichende Seiten, nämlich den in langen Jahrhunderten schwer zu bändigenden Hang nach üppigen Naturfesten. Ohne Beschönigung schildern die Propheten die orgiastischen Ausschweifungen, zu denen die dämonische Seite der heiligen Bäume das Volk hinriß. Etwa Jesaia (57, 5):

Kreuzigung (Albrecht Dürer, 1493): „Das Kreuz als Lebensbaum"
Aus: E. Sorge, Religion und Frau

Die ihr in Brunst kommt durch die Terebinthen, jeden üppigen Baum,
Die Kinder schlachtet in den Tälern, den Spalten der Felsen.

Oder Jeremia (2, 20):
Auf jeglichem hohen Hügel und unter jeglichem grünen Baume streckst du dich buhlerisch hin.

Oder Hosea (4, 13), um nur noch dieses weitere Zeugnis anzuführen:
Auf den Gipfeln der Berge schlachten sie und opfern auf den Hügeln,
Unter den Eichen und Weißpappeln und Terebinthen – ihr Schatten ist so schön.
So kommt es, daß eure Töchter Huren und eure jungen Weiber Ehebrecherinnen werden.

Im letzten Jahrhundert v. Chr. streckt Israel sich nicht mehr „unter jeglichem grünen Baume buhlerisch hin", aber man schwelgt in der Schilderung „üppiger" Bäume geradezu sinnlich: „Ich sah Duftbäume duftend von Weihrauch und Myrrhe, und die Bäume ähnelten Mandelbäumen. Darnach ging ich weiter nach Osten zu und sah einen anderen großen Platz und eine Wasserschlucht; auf ihm befand sich auch ein Baum, der das Aussehen von Würzbäumen hatte ähnlich dem Mastix. An den Seiten jener Täler sah ich den wohlriechenden Zimtbaum; darnach ging ich weiter nach Osten und sah andere Berge, und auf ihnen Haine von Bäumen, aus denen Nektar floß, den man auch Balsam und Galbanum nennt." (Ewald Roellenbleck, Magna Mater im Alten Testament, Fulda 1949, S. 65 f.)

10 Elga Sorge, ... er aber soll nicht dein Herr sein! Eine feministische Lektüre des Sündenfalls

1. Der Mann Adam – ein hilfloser Mit-Sünder oder Herr über die Frau?

Der Sündenfallmythos wurde von Männern für Männer geschrieben – und allenfalls tertiär für Frauen. „Der Sündenfall" wurde über rd. 3000 Jahre auch nur von Männern theologisch ausgelegt – allerdings für Männer *und* Frauen in jeweils sehr unterschiedlicher Absicht. Den Männern verhalf er dazu, ihre privilegierte Lage legitim zu finden. Frauen bereitete er immer auch eine Art Schuldgefühl und entsprechende Sühnebereitschaft.
Was diese Auslegungsgeschichte u. a. systematisch ausgeblendet hat, ist eine bestimmte Eigentümlichkeit der Männerrolle Adams, die aus feministischer Sicht sogleich ins Auge springt: der Mann Adam kommt in dieser Geschichte schlecht weg.

Er entpuppt sich bei näherem Zusehen als ausgesprochen inferiorer Typ, der mit Eva, wie Phyllis Trible meint, keinen Vergleich aushält:

... Im Gegensatz (zu Eva) ist der Mann still, passiv und lediglich ein Empfänger, ‚und gab ihrem Mann, der bei ihr war, auch davon, und er aß' ... Der Mann stellt keine Überlegungen an, auch keine theologischen, er sieht die Möglichkeiten, die in diesem Geschehen liegen, offenbar gar nicht. Seine eine Handlung ist auf den Magen hin orientiert, sie entspringt der Untätigkeit, nicht der Initiative.
... Der Mann ... folgt seiner Frau, ohne zu fragen oder etwas zu sagen ... Wenn die Frau intelligent, sensibel und klug ist, so ist der Mann passiv, roh und untüchtig ... Ich betone diesen Gegensatz ..., um patriarchalische Interpretationen zu unterhöhlen, die dem Text fremd sind." (Phyllis Trible in: „Frauenbefreiung", 1978, S. 106.)

Die überlegene Rolle Evas ist evident. Für den, der Augen hat zu sehen, sind es auch die verheerenden theologischen Konsequenzen, die dieser Sachverhalt haben könnte. Aber der männlichen Exegese ist es geglückt, dies 3000 Jahre lang nicht zur Kenntnis zu nehmen. So etwa sieht Gerhard von Rad ebenso wie Claus Westermann in dem verführten Mann den *Mit-Sünder* und bewertet dies (darin durchaus der Absicht des jahwistischen Textes folgend) als Ausdruck des geringeren männlichen Schuldanteils am Sündenfall. Dies entspricht auch der verbreiteten Volksmeinung, wie wir sahen.

Aber was wird im Sündenfall tatsächlich erzählt?

Ein Blick auf die *alttestamentlichen Forschungsergebnisse* aus neuerer Zeit ergibt folgenden Befund:

Die theologische Schule, aus der der Text Gen. 3 zweifellos stammt, der sogen. Jahwist (J.), schreibt die vorliegende Version der Urgeschichte zur Zeit der Königsherrschaft Salomons, also etwa um 950 v. Chr. Diese Zeit ist von einschneidenden Umwandlungen im Volke Israel gekennzeichnet, das sich von einem großfamiliär geordneten Nomadenvolk zu einem staatlichen Gebilde entwickelt hat. Dazu gehört die Bürokratisierung und Hierarchisierung aller Lebensbereiche, also auch die Verfestigung (oder Herausbildung) hierarchischer Beziehungen zwischen Mann und Frau. Um die Bedeutung richtig einzuschätzen, die der J der Rolle Adams vermutlich beimißt, scheint es unerläßlich, die *Produktionsbedingungen* für die Abfassung dieses Textes zu berücksichtigen (vgl. dazu Georges Casalis, ‚Die richtigen Ideen fallen nicht vom Himmel' und Michel Clévenot, ‚So kennen wir die Bibel nicht'). Danach hat der J die zu seiner Zeit herrschenden Zustände vor Augen und verfaßt in seiner Eigenschaft als Hofschreiber Salomos eine „königliche Ausgabe" der mündlichen Überlieferungen der Nord- und Südstämme. Bei der Abfassung von Gen. 2 und 3 greift er auf bekannte Ursprungs- und Schöpfungsmythen, besonders babylonischer Herkunft, zurück. Sein Anliegen ist es, die Verhältnisse im Reiche Salomos zu erklären und zu rechtfertigen. Clévenot erkennt, anders als etwa von Rad. m. E. zu Recht nicht nur *ätiologische,* sondern auch *legitimatorische* Absichten im jahwistischen Text. Dieser zweite Gesichtspunkt wird von der traditionellen Exegese ebenso wie in den mir bekannten neueren Interpretationen übersehen oder doch heruntergespielt.

Legitimationsbedürftig ist zweierlei: die Herrschaft des Königs über sein Volk und die Herrschaft des Mannes über die Frau. Die Herrschaftskritik, die der J übt, bezieht sich allerdings kaum auf den zweiten Bereich, d. h. sie ist keine Patriarchatskritik. Was verständlich ist: denn in der Umbruchsituation zur Zeit Salomos fanden heftige Auseinandersetzungen mit weiblicher „Herr"schaft statt (der Exodus war, so meint Richard Fester, schließlich eine Befreiung aus ägyptischer Gynaikokratie (Frauen„herr"schaft) gewesen, in: Was Schöpfungsgeschichten verraten, in: Weib und Macht, 1979, S. 38).

Salomo war der erste jüdische Patriarch, von hohem Format, wenn wir der Aussage in 1. Kö. 11, 3 glauben dürfen, wo es heißt, dieser Herrscher habe 700 Haupt- und 300 Nebenfrauen sein eigen genannt. Ein „Ober-Chauvi" also, wie wir heute in feministischem Jargon sagen würden, der natürlich großen Eindruck macht, besonders den Männern. Jedenfalls verliert auffälligerweise keiner der mir bekannten männlichen Exegeten auch nur *ein* kritisches Wort über den denkbaren Zusammenhang zwischen einem chauvinistischen Herrscher und dem entsprechenden Interesse seiner königlichen Hofschreiber bei der Niederschrift des „Sündenfalls".

Doch ganz stimmt das nicht. Georges Casalis nämlich formuliert eine in ihrer Kürze ergreifende Kritik am Harem Salomos, wenn er sagt: „Wohl ein für ihn wie die Frauen unbefriedigender Zustand!" (Georges Casalis, Die richtigen Ideen fallen nicht vom Himmel, 1980, S. 104). Das ist denkbar, Herr Casalis, kann ich da nur sagen, aber vielleicht gab es doch den winzig kleinen Unterschied in der Art wie dieser Harems-Zustand die Frauen unbefriedigt ließ im Vergleich zu der Art, wie er den Herrscher Salomo, trotz allem, nicht befriedigte?

Wie dem auch sei, in der jüdisch-christlichen Tradition ist Salomo nicht kritisiert worden, sondern galt als männlich-königliches Idealbild, mit dem seine Nachfolger sich zu identifizieren strebten (so Casalis). Um so brisanter ist die Frage, warum der J Adam im Sündenfalldrama einen so minderwertigen Platz zuweist. Will er damit die Männerherrschaft angreifen, weil „patriarchale Interpretationen seinem Text fremd sind", wie Trible meint? Ist er gar ein verkappter Feminist? Ich halte das für sehr unwahrscheinlich, weil der J sicher genau wußte, was er tat, als er die Machtbeziehung zwischen Mann und Frau als Folge des Sündenfalls deutete. Darin mag man, wie Trible, eine latente Kritik an der Herrschaft des Mannes erblicken. Nur, und das ist der Pferdefuß, *die Ursache* für diese kritikwürdige Situation lastet der J nicht dem schwachen Adam an. Dieser erscheint vielmehr als *beklagenswertes Opfer* der verführerischen und klugen Eva. Hat er damit nicht unsere ganze Sympathie? Trifft er uns Frauen nicht an der schwächsten Stelle unseres Frauseins, der tief eingegrabenen Mütterlichkeit, die alles versteht und alles verzeiht ... selbst dann, wenn es eines gewissen Masochismus bedarf, um dieses „alles verstehen" durchzuhalten? Diesem Masochismus erliegt m. E. Phyllis Trible, wenn sie in der Aussage: „... er aber soll Dein Herr sein", nicht die Genehmigung männlicher Vorherrschaft, sondern ihre Verdammung erblickt. Der Jubel aller männlichen Theologen, die es ja schon immer so sahen, ist ihr gewiß. Der meine nicht. – Der Satz über das Herr-Sein heißt in seiner vollständigen Fassung bekanntlich: „Nach Deinem Mann wirst Du verlangen, er aber soll Dein Herr sein."

Wenn ich mir vorstelle, daß ein Mann, mit dem ich eine enge Beziehung habe, so etwas zu mir sagt oder auch nur so denkt, packt mich die kalte Wut. Und ich glaube, diese Wut ist sehr berechtigt. Denn wie kann ich einem Menschen gegenüber, der mich beherrscht, mein eigenes Selbst behaupten? Wie mich gegen ihn abgrenzen und mich wehren, wo es nötig ist, *wenn ich meinen Beherrscher begehre?* Wenn ich nach ihm Verlangen trage? Es gibt nur einen Ausweg aus dem Dilemma, der mein Verlangen befriedigt und die Herrschaftsbeziehung unangetastet läßt: ich bejahe das Beherrschtwerden, ich mache die Sicht meines Herrn zu meiner eigenen: ich *identifiziere mich mit dem Aggressor.* Es gab und gibt Frauen, die dies in vorbildlicher Weise getan haben. So etwa Claire Goll, wenn sie sagt: „Trotz aller feministischer Bewegung bleibe ich bei meiner Meinung, daß die Frau ein minderes Wesen ist und dem Mann niemals ebenbürtig sein wird" (Claire Goll, Ich verzeihe keinem, 1980, S. 5). Auf demselben Prinzip basiert der bekannte Bestseller von Esther Villar, „Der dressierte Mann". Und nichts prinzipiell anderes erkenne ich in dem Bemühen Phyllis Tribles, den „Sündenfall gegen den patriarchalischen Strich" zu lesen und einen weiblichen Rechtfertigungsversuch für die theologischen Väter zu unternehmen.

Ich fasse zusammen: Der schwache Mann Adam wurde von Gott zum Herrn über die

Frau ernannt, um diese dafür zu bestrafen, daß sie ihn zur Sünde verführte. Die pikante und paradoxe Voraussetzung dieser Version, daß der Herr Adam zugleich der hilflose Mitsünder sein soll, d. h. das schwächere Geschlecht verkörpert, wird einseitig und falsch zugunsten des Mannes interpretiert. So konnte über Tausende von Jahren den Frauen selbst die Schuld für ihre Unterdrückung gegeben werden – eine hervorragende Basis für weiblichen Masochismus wurde geschaffen und entfaltete kulturelle und ideologische Wirkung, bis heute.

2. Die Frau Eva – große Sünderin oder Erfinderin der Kultur?

Der Sündenfall erzählt indes nicht nur von der korrumpierten Beziehung zwischen Mann und Frau. Er berichtet deutlich, wenn auch unabsichtlich, von einer anderen Art der Beziehung zwischen den Geschlechtern. Die „heimliche Botschaft", die er enthält, scheint auf Traditionen zurückzugehen, die von der Stärke und Klugheit der Urmutter Eva handelten. Die Fülle der matriarchalen Reminiszenzen im Sündenfall (die Bezeichnung Evas als Mutter aller Lebenden, der Lebensbaum-Überlieferung, dem Symbol des Apfels und der Schlange) macht auf mich den Eindruck, als ob der J z. Zt. Salomos es fast so schwer gehabt hat wie wir Frauen heute, sich der Übermacht des anderen Geschlechts zu erwehren.

Ein Blick auf den *kulturgeschichtlichen Hintergrund* bestätigt diese Vermutung; denn z. Zt. Salomos war das Patriarchat nicht fest etabliert, sondern ein erst noch „durchzusetzendes Programm" (Richard Fester, in: Weib und Macht). Wie wichtig dem J die Legitimierung der neu entstandenen patriarchalen Verhältnisse war, zeigt die Umdeutung der verehrten Urmutter Eva in eine aus der Rippe Adams entstandene Gefährtin des Mannes (Gen. 2). Hier wird der Skopus der jahwistischen Urgeschichte deutlich: es geht um die Okkupation der Zeugungskraft durch den Mann, um die Umkehrung des alten Glaubens an die weibliche ‚Schöpferinkraft' in die Annahme des Lebens: Adam gebiert Eva aus seiner Rippe und richtet seine Herrschaft über sie auf: das Zeichen dafür ist die Namensgebung, durch die er ihr Identität verleiht: eine neue, von ihm herzuleitende.

Die Umdeutung weiblicher Mythen im oben angezeigten Sinn war nichts Besonderes, sondern gang und gäbe in patriarchalen Kulturen (vgl. Josefine Schreier, Göttinnen, 1978, und Heide Göttner-Abendroth, Matriarchale Mythologie, in: Ästhetik und Kommunikation, 1978, Sonderheft). Wie Adam gebiert z. B. auch Zeus die Pallas Athene aus seinem Kopf – bei ihrer zweiten Geburt.

Die ursprüngliche Fassung des „Sündenfalls" erzählte mit Sicherheit von einer Stammutter Eva, die den Gott Jahwe gebar und mit ihm Adam zeugte (so Richard Fester, Schöpfungsgeschichten, S. 38). Wie im Sündenfallmythos findet sich in allen männlichen Mythen eine auffällige Tendenz zur Legitimierung von Herrschaft, die in weiblichen Mythen durchweg fehlt. Was das Patriarchat rechtfertigen muß, ist die Entthronung der Himmelskönigin und der Großen Mutter (bzw. der „Mutter aller Lebenden"), d. h. die Entrechtung der Frau, die sich in diesen Mythen widerspiegelt und ideologisch untermauert wird. Hier tut sich ein Gegensatz zur gängigen Geschichtsschreibung auf: im aktuellen wissenschaftlichen Diskurs gibt es eine starke Tendenz, die Frau am Anfang aller Kultur zu sehen (so z. B. Elizabeth Gould-Davis, Am Anfang war die Frau, 1977). Sie schuf die Sprache, erfand die Werkzeuge, pflegte Heilkunst und Rechtsprechung usw. (vgl. ‚Weib und Macht' und ‚Göttinnen'). Der

Mann, der über lange Zeit nicht wußte, daß er auch einen Anteil an der Zeugung hatte, hielt die Parthenogenese (Jungfernzeugung) für den natürlichen Zustand und verehrte die Frau als Spenderin des Lebens und Garantin ewigen Lebens. Jedenfalls scheint es durch nichts gerechtfertigt, die Geschichtsschreibung erst dort beginnen zu lassen, wo es aus männlicher Perspektive üblich ist, d. h., rd. 4,9 Millionen Jahre zu spät, wenn wir der Hypothese aus ‚Weib und Macht' folgen.

Was Wunder also, daß die sich formende israelitische Männergesellschaft einen harten Kampf gegen uralte und tief verwurzelte weibliche Dominanz und religiöse Kulte, in denen die Frau als göttliches Wesen verehrt wurde, zu kämpfen hatte, den Kampf gegen die kanaanäischen Fruchtbarkeitskulte.

Auf diesem kulturgeschichtlichen Hintergrund wird deutlich, was der Sündenfall erzählt und verarbeitet; es ist *die Erfahrung des Machtmißbrauchs durch den Mann.* Daher rührt das „auffällige Rechtfertigungsbedürfnis in allen männlichen Mythen. Die Frau Eva, die dem Mann den Apfel, das Symbol weiblicher Macht übergibt, vollzieht eine Handlung, die den Prozeß der Machtverlagerung bzw. -übergabe symbolisiert.

Dann aber berichtet der „Sündenfall" von einer Frau, die initiativ Entscheidungen von weltpolitischer Tragweite fällt, die klüger ist als der Mann, die ihre politisch-kulturelle Kompetenz auch ohne weiteres in Einklang mit ihrer weiblichen Identität bringen konnte: offenbar kannte sie die Angst noch nicht, durch zuviel Intellektualität und Selbständigkeit ihre Identität als Frau zu verlieren. Kurz, eine Frauengestalt, die wir uns nicht ohne weiteres heute vorstellen können.

Die im Sündenfall geschilderte Strafe Evas ist unter dieser Voraussetzung sehr subtil und grausam, denn sie ist eine doppelte und dreifache. Mythologisch gesprochen wird der von ihr geborene und ehemals von ihr abhängige Jahwe zum männlichen Gott Adams und, durch ihn vermittelt, auch zu dem ihren. Eva wird also dem schwächeren Geschlecht ausgeliefert und untertan gemacht. Ihre schöpferische Lust am Gebären soll sie von nun als Strafe dieses Gottes interpretieren. Ihre Gebärfähigkeit, die ihr über lange Zeit Würde und Macht verlieh, wird zum Fallstrick, der sie dem Mann ausliefert; denn durch sie hindurch pflanzt er sich von nun an selber fort und degradiert die Frau zum Instrument seiner Zeugungskraft.

Je mehr ich mich in diese Frau Eva einfühle, um so trauriger werde ich über den Verlust an Freiheit, Selbständigkeit und Weiblichkeit, den sie erlitt und unter männlicher Vorherrschaft nie wieder ausgleichen konnte.

Die Theologen teilen diese Sicht des „Falls" natürlich nicht. Ihr Bemühen, dennoch eine plausible Interpretation des Sündenfalls zu verfassen, führt zu hoch abstrakten, weitgehend unverständlichen und wenig plausiblen Ergebnissen. So wird die selbständige Rolle Evas in diesem Mythos, die eben nicht völlig zu ignorieren ist, nur hervorgehoben, um sogleich ihre volle Verantwortlichkeit für das Sündigen zu unterstreichen. Grad so, als ob sie auch späterhin noch unter dem Legitimationsdruck des Jahwisten gestanden hätten, werden unsere männlichen Theologen nicht müde, die Minderwertigkeit der Frau zu beschwören *und* ihr zugleich die Schuld für die Sünden dieser Welt anzulasten: als „Einfallspforte des Teufels" und „Tor zur Hölle" galt sie dem Tertullian, als „mißratenes männliches Wesen" dem Thomas von Aquin, als „Körper, der dem Kopf (= Mann) untertan ist", dem Karl Barth ...

Wie ungereimt es ist, die hohe Verantwortlichkeit der Frau für die Übel dieser

Welt zu betonen, wenn zugleich ihre Minderwertigkeit vorausgesetzt wird, reflektieren diese Theologen nicht.

Ich fasse zusammen: Die Rolle der Frau im Sündenfall enthält in mythologischem Gewande eine historische Wahrheit, die die männliche Theologie nicht zur Kenntnis nimmt. In der Gestalt Evas ist die Erinnerung an eine Frau bewahrt, die den abhängigen Mann zur Erkenntnis von gut und böse veranlaßte, d. h. ihm Anteil an ihrer kulturellen Macht und ihrem praxisrelevanten Wissen gab.

3. Die Schlange – Inkarnation des Bösen oder emanzipatorisches Symbol des Weiblichen?

Auch dem voreingenommenen Leser der Sündenfallgeschichte müßte auffallen, daß diese nur eine richtige Hauptrolle enthält: die der Schlange. Sie ist die ursächliche Initiatorin des Dramas, sie ist die einzige, die verflucht wird, sie wird als das andere Prinzip (ihr Same!) der Frau im Patriarchat, d. h., der Frau unter der Dominanz des männlichen Prinzips (Gen. 3, 14) gegenübergestellt. Gen. 3, 14 erweist sich so als eine Mitteilung über den Geschlechterkampf, der Todfeindschaft durchaus einschließt: *er* wird ihr den Kopf zertreten und *sie* wird ihn in die Ferse stechen!

Aber welche Bedeutung hat die Schlange? Soll man von dem konkreten Tier ausgehen und nach metaphorischen Bedeutungen Ausschau halten – oder in der Schlange von vornherein ein Symbol sehen – aber ein Symbol wofür?

Die Schwierigkeit, hier eine klare Position zu beziehen, führte in der traditionellen männlichen Exegese zu recht kuriosen Lösungsversuchen, die indes alle nicht zum Ziel führen. So versucht von Rad die Schlange in ihrer Bedeutung von vornherein herunterzuspielen, und zwar so sehr, daß man sich nur noch wundern kann, warum der J sie überhaupt in seinem Text auftauchen läßt. Von Rad sagt, was die Schlange aus der Menge der Tiere ein wenig heraushebe, sei lediglich ihre größere Klugheit. Bei der „Versuchung" durch sie handele es sich um einen *ganz unmythologischen Vorgang* (!). Das sei deshalb so dargestellt, weil der Erzähler offenbar bestrebt sei, die Verantwortung so wenig wie möglich aus dem Menschen heraus zu verlegen.

> ... So versteht er (der J) unter der Schlange gewiß nicht nur die zoologische Species, ... sondern er sieht in ihr zugleich in einer Art geistiger Hellsichtigkeit ein gestaltgewordenes Böses, das unerklärlicherweise innerhalb der geschöpflichen Welt vorhanden ist, das es gerade auf den Menschen abgesehen hat, ihm auflauert und ihn allenthalben auf Tod und Leben bekämpft. Die Schlange ist ja ein Tier, das vor allen anderen unheimliche Eigenschaften verkörpert, in denen es dem Menschen überlegen ist" (von Rad, ATD, S. 62).

Diese Interpretation könnte nach meiner Ansicht vom J selber stammen, so kongenial drückt sie dessen Anliegen aus, in der Schlange das verdammenswerte Böse kat'exochän zu sehen.

Die äußerste Annäherung an ein angemessenes Verständnis des Schlangen-Symbols gipfelt in der Deutung dieses Tieres als Symbol des männlichen Phallus. Damit wird, wie Westermann zu Recht bemerkt, ein Symbol verwendet, das auf die kanaanäischen Fruchtbarkeitskulte verweist. Die Schlußfolgerung aus dieser Einsicht wehrt Westermann indes sogleich ab, wenn er sagt, es wäre zwar eine mögliche Deutung, Israels Sünde darin zu sehen, daß der Kult der Schlange dem Dienst Jahwes vorgezogen wurde, doch sei dies nicht der Fall, weil der J die Schlange nicht dem Lebensbaum zuordne. So bliebe unerklärt, wie der kanaanäische Fruchtbarkeitskult die Erkenntnis von gut und böse bringen soll.

Es erscheint schier unglaublich, daß auch die klügsten Männer nicht auf die naheliegendste Deutung kommen – einfach deswegen nicht, weil sie ihre männlich-ideologische Lese-Brille nicht ablegen können. Sonst hätten sie bemerken müssen, daß der J gar kein Interesse daran haben konnte, die Schlange, so wie es ihr zugekommen wäre, dem Lebensbaum zuzuordnen, um ihre wirkliche, positive Bedeutung herauszustellen – denn er wollte und mußte dieses Symbol für seine Zwecke negativ deuten.

Wenn wir aber in der Schlange, wofür alles spricht (vgl. R. Fester, Weib und Macht, und H. Göttner-Abendroth, Die Göttin und ihr Heros, 1980) das uralte Symbol weiblicher Fruchtbarkeit *und Klugheit* sehen, wenn wir begreifen, daß die sich jährlich häutende Schlange, wie der Mond, ein religiöses Symbol für die ewige Wiederkehr des Lebens ist, das von der Frau garantiert wird, dann ergibt sich die einzig plausible Deutung für die Rolle der Schlange im Sündenfall, der dann, wenn man so will, ein Fall der Schlange ist: Es liegt hier der männliche Versuch vor, die bis dahin *verehrte weibliche Fruchtbarkeitspotenz und Klugheit in eins zu entwerten und die positiven Elemente dem Mann zuzuschreiben.* In einer ersten Stufe hat diese Umkehrung dazu geführt, in der Schlange ein Symbol des männlichen Phallus zu erblicken, was noch Kate Millet in „Sexus und Herrschaft" fälschlicherweise als ursprüngliche Bedeutung ansieht.

Eine konsequente Entmythologisierung des Schlangensymbols verweist auf einen neuen Sinn des Sündenfalls: wenn die Schlange als Symbol weiblicher Macht gedeutet wird, erzählt er vom *Umsturz*, dem Sturz einer weiblichen Religion, die die Entrechtung und Entmachtung der Frau implizierte, und der Errichtung einer nur noch männlichen, die sich weibliche Elemente einverleibte und untertan machte. Die Beispiele, die Phyllis Trible für die „Weiblichkeit Jahwes" anführt, bezeugen exakt diesen Vorgang. Indes versucht Trible die patriarchale Subsumierung zu ignorieren und mißdeutet daher die weiblichen Seiten im männlichen Gottesbild im Sinne einer *Rettung der patriarchalen Religion für den feministischen Standpunkt.*

In der Verfluchung der Schlange wird bildhaft und sinnfällig die generelle Abwehr und Unterdrückung weiblicher ‚Frauschaft' ausgesagt.

Einer der wenigen Männer, die diese umwerfende Bedeutung der Schlange im Sündenfall für evident halten, ist Ernst Bloch. Er findet sie nur begreiflich, wenn die Nötigung des Mannes, sich der weiblichen Fruchtbarkeitspotenz zu erwehren, entsprechend groß war (Atheismus im Christentum, 1967). Darum wird logischerweise im Sündenfall nur die Schlange verflucht als Symbol einer Weiblichkeit, die dem Mann Angst machte und die er glaubte besiegen zu müssen. Da die Frau gebraucht wird (der Mann kann ohne sie keine Nachkommen zeugen!), wird Eva nicht verflucht, sondern „bekehrt" zu einer brauchbaren Form der Weiblichkeit, die der Mann verkraften und in sein patriarchalisches System integrieren kann: als eine den Gebärzwang freudig akzeptierende Ehefrau und Mutter und/oder erotisierendes „Lustobjekt" kann sie überleben.

Abschließend noch ein *Wort zur Erbsünde,* die klassischerweise als Entfernung von Gott gedeutet wird und im Verlust des Paradieses sich manifestieren soll. Ich denke, daß Männer wie Ernst Bloch hier berechtigterweise kritisch anmerken, daß das Verbleiben im Paradies, dem „paradiesischen Garten der Tiere", der eigentliche Sündenfall gewesen wäre. Oder wie W. Wondratschek formuliert, „der mißlungene Aufstand ist immer noch besser als die dicke Luft im Paradies". Ontogenetisch wie phylogenetisch erscheint es als notwendige Entwicklungsstufe, sowohl aus der Symbiose mit der Mutter herauszugehen als auch die Einheit mit der Natur durch die Entwicklung menschlichen Bewußtsein zu sprengen. Das Verlassen des Paradieses beschreibt dann nicht die Folge eines „Sündenfalls", sondern eine kulturelle Großtat, der die „Menschheit alles verdankt, was sie menschlich macht". Diese Tat, das berichtet der J vermutlich unfreiwillig, aber zutreffend, war die Tat der Frau. Sie mußte, so beschreibt es „der Sündenfall", den ungebildeten Mann erst dazu verführen, sich „praxisrelevantes Wissen" anzueignen, d. h. ein Bewußtsein davon, was für den Menschen gut und böse ist. Eva wollte, daß Adam ihr gleich und ebenbürtig sei – doch „werch ein Illtum"! Der Mann mißbrauchte seinen Positionsvorteil, was aus der Sicht der Wissenschaft heute so formuliert wird:

> „Die hohe Autonomie der Vernunft hat es wahrlich nötig, die Erinnerung ihres Ursprungs gewaltsam zu tilgen ... An der schwächsten Stelle weiblicher Macht schlägt Ödipus zu, und die erste männliche Machtergreifung decouvriert sich als Anverwandlung, mimesis an vorgegebene Herrschaft, bestätigt sich nicht als Neuschöpfung, wie sie jahrhundertelang vorgibt." (Annemarie Droß, König Ö., in: Die Eule, 3/80).

Ich fasse zusammen: Die Schlange spielt im Sündenfalldrama die Hauptrolle. Sie repräsentiert als Symbol weiblicher Klugheit, Fruchtbarkeit und Erneuerung des Lebens die weibliche ‚Schöpferinkraft', und muß vom männlichen Gott Jahwe verflucht werden. Der Sündenfall berichtet also von einer entscheidenden Etappe im Geschlechterkampf, da es zur Bekehrung der Frau zu einer nur noch männlichen Religion kam. Er zeugt auch von einer bestimmten Stufe kultureller Entwicklung, auf der die Frau ihre Macht mit dem Mann teilen wollte, was indes zum Machtmißbrauch durch den Mann, d. h. zum eigentlichen Sündenfall führte.

4. Die Rolle Jahwes – strafender oder sorgender Gott?

Es fällt mir schwer, mich über die Rolle Gottes zu äußern. Das hängt mit anerzogener Gottesfurcht wohl ebenso zusammen wie mit einer tiefsitzenden Angst vor männlicher Kritik und Ablehnung. Zudem bin ich mir z. Zt. über meinen Gottesbegriff nur negativ im klaren, d. h., ich weiß, was ich am überkommenen Gottesbild ablehne. Die Aussicht nach vorn, um es mal so zu nennen, ist offen und unklar. Für denkbar halte ich es, den unsichtbaren Gott, von dem man sich kein Bildnis machen soll, für Frauen neu zu entdecken. Den allmächtigen Vatergott kann ich nur als Verstellung und durchaus heidnische Überformung empfinden – und keinesfalls als eine allein seligmachende Gottesidee. Mit einem gewissen Vorbehalt also möchte ich nun doch einige Beobachtungen über die Rolle Jahwes mitteilen.

Der Gott des Sündenfalls ist ein Gott, vor dem man sich rechtfertigen muß, weil er Verbote aufstellt und Strafen verhängt, wenn Übertretungen vorliegen. Adam rechtfertigt sich, indem er Eva die Schuld gibt, Eva, indem sie die Schlange anklagt, diese kann die Schuld nicht weitergeben und wird verflucht.

Die Strafe, die dieser Gott über Adam verhängt, die harte Feldarbeit auf dem dornigen Acker, ist eine Strafe, die natürlich auch Eva betrifft – das wußte der J damals so gut wie die modernen Exegeten heute. Nur wird Eva dreifach bestraft, da sie außerdem noch mit der Last des Gebärens und der Kinderaufzucht behaftet wird und mit dem Dienst an und für ihren Herrn, den Mann.

Das düstere Bild dieses verbietenden und strafenden Gottes, der wie ein kontrollierendes, verurteilendes Über-Ich auftritt, wird ergänzt durch ein Verhalten, das in merkwürdigem Kontrast zu dieser Kontrollfunktion steht: er macht den Menschen Felle und bekleidet sie.

Darin entdeckt Phyllis Trible zu Recht eine typisch weibliche Eigenschaft. Die Freude der Frauen über diese Art der Würdigung ist indes leider nicht ungebrochen: denn traditionellerweise diente die „Weiblichkeit Gottes" nur dazu, die Absolutheit des allmächtigen Vaters zu unterstreichen, *nicht aber einer Würdigung weiblicher Eigenständigkeit.*

Das traditionelle Gottesbild hat die Frau und das Weibliche (das bekanntlich auch eine wesentliche Seite jeder männlichen Persönlichkeit darstellt, in eine *Schattenexistenz verwiesen, die metaphysisch festgeschrieben,* mithin für unveränderbar und zeitlos gültig erklärt wurde. Dies scheint mir, ist eine Form der Unterdrückung, die lautlos vorgeht und aus dem Hinterhalt ein Bewußtsein nahelegt, eher: insinuiert, das wie selbstverständlich davon ausgeht, daß nur der *Mann der Mensch* sei, die Frau hingegen irgend etwas davon Abgeleitetes. Mir jedenfalls ging es da kaum anders als den meisten Theologinnen, die gar nicht auf die Idee kamen, die Muttergöttin neben dem allmächtigen Vatergott zu vermissen, nach der göttlichen Tochter neben dem Sohn zu fragen und eine weibliche Sophia neben dem männlichen Heiligen Geist einzuklagen: Die fehlenden weiblichen Gestalten als Verlust zu empfinden, war schließlich schon fast Ketzerei, erschien als Angriff auf die tabuisierende Heiligkeit des Männlichen. Indes war die lautlose Tötung der weiblichen Götter nicht wirkungslos. Im Gegenteil.

Ich fasse zusammen: Der Gott des Sündenfalls ist ein männlicher strafender Gott, der dennoch liebevoll sorgende, d. h. weibliche Züge hat. Das Bild des einen einzigen Gottes, der die Eigenschaften beider Geschlechter in sich vereint, ohne seine Männlichkeit einzubüßen (d. h. androgyn zu sein), konnte nur entstehen, weil das Weibliche zu einer nicht mehr wahrgenommenen Schattenexistenz verkümmerte und verkam. Dies geschah wirkungsvoll dadurch, daß weibliche Qualitäten vermännlicht, d. h. einem männlichen Gott zugeschrieben wurden.

Schlußbemerkung

Die meisten Fragen, die sich aus den oben entfalteten Gedanken ergeben, kann ich nicht beantworten. Die naheliegendste unter diesen Fragen ist wohl die nach den Konsequenzen, die eine grundlegende Kritik an der patriarchalen Religion mit sich bringen könnten.

Denn es ist zu fragen, was wir mit einer biblischen Tradition anfangen sollen, die offenbar eng verbunden ist mit patriarchaler Ideologie. Sollen, müssen wir Frauen sie nicht liquidieren und zu einer matriarchalen Religion zurückkehren? Sollten wir eine neue Religion erfinden, die uns besser gerecht wird?

Andrerseits: hat die patriarchale Religion nicht auch ihre guten Seiten? Hat sie nicht mit dazu beigetragen, uns den Fortschritt zu bescheren, ohne den wir es niemals „so herrlich weit gebracht hätten"?

Fragen über Fragen, auf die eine schlüssige Antwort noch aussteht. Was ich persönlich für zwingend halte, ist, den männlichen Gotteskomplex (H. E. Richter) an der Wurzel anzugreifen und die Idee einer naturwüchsigen Überlegenheit des Mannes nun ein für alle Mal als unhaltbar zu kennzeichnen. (Natürlich ist es dann unumgänglich, daß auch die männliche

Theologie Konsequenzen aus dem zieht, was feministische Einsichten zutage fördern.) Für ganz undenkbar halte ich es, daß weibliche Theologie sich der Patriarchatskritik verschließt:
Theologinnen sind nicht zur Rettung des Patriarchats herausgefordert, sondern allenfalls zur Rettung des Mannes (sofern sie das können, ohne in repressive weibliche Mutter- und Krankenschwester-Muster zu verfallen).
Ich kann mir durchaus vorstellen, *mit* bestimmten christlichen Vorstellungen *gegen* patriarchale Ideologien zu streiten. Im leidenden Mann Jesus sehe ich das einzig mögliche Leitbild für den patriarchalen Mann, *den* Erlöser, der allen den Männern Mut macht, denen das Herrschen und die Gewalt/Macht suspekt geworden sind. *Den* Männern auch, die ihre weibliche Seite nicht länger abspalten und unterdrücken wollen – und die daher auch souverän genug sind, die weiblichen Menschinnen nicht mehr abwehren und aufspalten zu müssen: es ist der Mann ohne Angst vor dem Verlust seiner (Pseudo-)Männlichkeit.
Der erlöste Mann wird der „jungfräulichen Mutter" auf der einen nicht die verführerische „freie" Frau auf der anderen Seite gegenüberstellen. Die Spaltung des Frauenbildes in Heilige oder Hure ist indes im 20. Jahrhundert keineswegs überholt. „Siamo ni madonne ni putane ma donne" (wir sind nicht Heilige, nicht Huren, sondern Frauen), lautet ein Wahlspruch der italienischen Frauenbewegung. Und wenn wir den Einsichten Klaus Theweleits folgen (Männerphantasien, 1978), korrespondiert der *weißen Frau*, Krankenschwester oder Gattin (oft auch Gräfin) die *rote Frau*, Krankenschwester („Karbolmäuschen"), Proletarierin oder Hure. Beide Typen schließen sich gegenseitig in der Weise aus, daß die „anständige" weiße Frau nach Männermeinung nicht begehrenswert und die begehrenswerte rote Frau nicht „anständig" sein kann.
Der sündigen Eva entspricht eben die reine Maria – denn ist Eva nicht eine rote Frau per excellence?? Eine klassische „femme fatale", die den Mann zur Sünde verführte und schuld ist an der Verkehrtheit der Welt? Wohingegen die jungfräuliche Gottesmutter Maria, die schwanger wurde ohne in die Niederungen der Sexualität zu geraten, die „Neue Eva" ist, die die Sünde der alten in etwa wieder gut machte?
Die Vermutung, daß Maria für Frauen eine ähnliche Erlöseringestalt sein könnte, wie Jesus, der „Neue Adam", ein Erlöser für den Mann, erweist sich als falsch. Denn so wenig es erstrebenswert sein kann, sich mit der traditionellen Eva zu identifizieren (das liegt auf der Hand, da sie die von Gott bestrafte Frau ist), so wenig ist es aber auch im Sinne der Frau, sich mit dem von Männern geformten Vorbild der *Maria* einzulassen. Der Unterschied zwischen „großer Sünderin" und „jungfräulicher Gottesmutter" existiert nämlich nur für den Mann. Für Frauen haben beide Frauengestalten denselben domestikatorischen Sinn. *Maria* gewinnt ihre ganze Würde nur aus dem einen Faktum, einen göttlichen Sohn geboren zu haben, dem sie sich, als ihrem Heiland, anbetend unterwirft. Die Frau, die unter allen Weibern gebenedeit ist, die eine Sonderstellung einnimmt, da sie als einzige ohne Erbsünde sein soll, verweist so alle anderen Frauen in einen Zusammenhang der Sünde, dem sie nicht entrinnen können. Maria ist kein Ersatz für die entthronte Himmelskönigin, sie steht nicht gleichberechtigt neben der Trinität der Männer: Gott, Sohn, Geist. (So zu Recht Mary, Daly, Gott-Vater...)
In der Gestalt der Eva hingegen, das möchte ich als ein entscheidendes Ergeb-

nis meiner feministischen Lektüre des Sündenfalls festhalten, wird trotz aller traditionellen Überformung die Erinnerung an eine noch nicht „allseits patriarchalisch reduzierte weibliche Persönlichkeit" festgehalten.

Allem Anschein nach war es unvermeidlich, daß die starke matriarchale Tradition, die der J vorfand, hintergründig subversive Wirkung behielt.

Eva in feministischer Sicht kann, denke ich, die Idee einer schrittweisen Befreiung aus der *„psychischen Verankerung des Patriarchats in uns"* fördern. Die Einsicht in die schuld-sühne-bewußte Identifikation mit dieser Frauengestalt kann, wie etwa bei Hildegunde Wöller, zu einer trotzigen Bejahung der von Männern uns zugeschriebenen Sündhaftigkeit führen (in: Hildegunde Wöller/Elga Sorge, Ich die Hündin, SDR II, 1979). Wenn wir den Status des Objektseins durchschauen und als eine in patriarchalen Lebenszusammenhängen unvermeidliche Realität sehen lernen, kann die blinde Wiederholung der leidenmachenden kulturellen Muster (geschlechtsspezifisches Rollenverhalten) vielleicht durchbrochen werden, um schließlich zu einer Hoffnung zu führen, daß jenseits aller von Männern imaginierten Frauenbilder um uns und in uns ein *wahres weibliches Selbst* und *authentische weibliche Religiosität* zu entdecken sein könnten.

Darauf verzichten, um den Männer-Theologen recht zu geben und womöglich ihre Weltsicht (auch im Protest) nur zu bestätigen, das erscheint mir nach meiner Sündenfallektüre als der *einzige wirkliche Sündenfall der Frau.* Sie wiederholt ihn mit jedem Akt, der patriarchale Religion und Kultur affirmiert: mit jedem Akt der Selbstverleugnung also und durch die Teilnahme oder auch Duldung von zerstörerischem männlichem Verhalten.

Nicht nur Frauen wie Françoise d'Eaubonne, „Feminismus oder Tod", sondern auch Männer wie Ernest Bornemann und Horst-Eberhard Richter fordern mit guten Gründen eine „Verweiblichung" unserer Kultur, wenn wir überleben wollen.

Schließen möchte ich mit einem Zitat von Fellini über seinen Film „Die Stadt der Frauen":

> „Du darfst nicht vergessen, daß es kein Film über die Frauenbewegung ist, sondern ein Film über das Weibliche – und was ist das Weibliche? Es ist *alles,* nicht etwa, weil es sich auf die Frau bezieht, sondern weil es der unsichtbare Teil des Eisbergs ist, der Teil von Dir, den Du nicht kennst, und aus dem kommen Religion, Ethik, Kunst, Entscheidung." (Frederico Fellini, Die Stadt der Frauen, 1980)

Aus: Religion heute, 3/1981

11 Phyllis Trible, Gegen das patriarchalische Prinzip in Bibelinterpretationen

Exegese: Genesis 2–3
Einen weiteren Zugang zu einem neuen Bibelverständnis finden wir durch die Exegese der Abschnitte, die sich speziell mit der Beziehung zwischen den Geschlechtern befassen. Während diese Methode sich auf das Konkrete und Spezifische konzentriert, ergänzt und korrigiert sie die verallgemeinernden Tendenzen der biblischen Aussagen. Darum schlage ich vor, daß wir kurz die zweite Schöpfungsgeschichte und den Sündenfall in Gen 2–3 näher betrachten sollten. Viele Feministinnen lehnen diesen Bericht ab, weil sie die traditionelle Exegese der männlichen Vorherrschaft akzeptieren. Aber Interpretationen drehen sich oft im Kreise. Da die Kommentatoren glauben, daß der

Text die männliche Herrschaft und die weibliche Unterordnung bestätigt, finden sie auch Beweise für diese Ansicht. Lassen Sie uns den Text aber mit einem gegenteiligen Interesse lesen: Bricht etwa die Erzählung mit dem Patriarchat? Wenn wir so fragen, kommen wir vielleicht zu einem ganz anderen Verständnis.

Zweideutigkeit charakterisiert das Wort 'adham in Gen 2–3. Einerseits ist der Mann der erste Mensch, der gemacht wird (2, 7). Gott der Herr „setzte ihn in den Garten Eden, daß er ihn bebaute und bewahrte" (2, 15), eine Arbeit, die dem Manne zugeschrieben wird (vgl. 3, 17–19). Andererseits ist 'adham ein allgemeiner Ausdruck für die Menschheit. Wenn Gott 'adham befiehlt, nicht von dem Baum der Erkenntnis des Guten und Bösen zu essen, so spricht er zu beiden, dem Mann und der Frau (2, 16–17). Bis zu der Unterscheidung von Mann und Frau (2, 21–23) ist 'adham grundsätzlich androgyn, ein Wesen, das zwei Geschlechter verkörpert.

Das Interesse an der Geschlechtlichkeit, und besonders an der Erschaffung der Frau, kommt in der Geschichte zuletzt, nach der Erschaffung des Gartens, der Bäume und der Tiere. Einige Kommentatoren meinen, die Unterordnung der Frauen gründe sich auf diese Reihenfolge der Ereignisse. Sie sehen sie im Gegensatz zu Gen 1, 27, wo Gott 'adham als Mann und Frau auf einmal erschuf. Daraus schließen sie, daß in der Priesterschaft die Gleichheit der Geschlechter anerkannt wird, der Jahwist aber die Frau zu einem zweiten, untergeordneten, geringwertigeren Geschlecht macht. Aber die letzten können auch die ersten sein, wie Theologen und Literaturkritiker sehr wohl wissen. So bewegt sich der Bericht des Jahwisten bei der Erschaffung der Frau auf seinen Höhepunkt und nicht auf seinen Abstieg zu. Sie ist nicht ein Nachtrag, sie ist der Höhepunkt. Gen 1 unterstützt diese Interpretation, denn hier sind der Mann und die Frau wirklich die letzten und wahrhaftig die Krone der Schöpfung. Das letzte ist zugleich das erste, wo Anfang und Ende parallel laufen. In der hebräischen Literatur erscheinen die zentralen Anliegen einer Einheit oft am Anfang und am Ende als ein umfassender Gedanke. Gen 2 zeigt diese Struktur ganz deutlich. Die Erschaffung des Mannes am Anfang und der Frau am Ende bilden eine Ringkomposition, durch die die beiden Geschöpfe parallel gesehen werden. Diese Ordnung würdigt die Frau in keiner Weise herab. Inhalt und Kontext unterstreichen eine solche Lesart.

Der Kontext, in den die Ankunft der Frau gestellt wird, ist eine göttliche Entscheidung. „Es ist nicht gut, daß der Mensch allein sei; ich will ihm eine Gehilfin machen, die um ihn sei" (Gen 2, 18). Der Teil des Satzes, der einer Erläuterung bedarf, ist „Gehilfin, die um ihn sei". Im Alten Testament wird das Wort „Helfer" ('ezer) auf verschiedene Weise gebraucht. Es kann der Eigenname eines Mannes sein. In unserer Geschichte werden damit die Tiere und die Frau bezeichnet. In einigen Abschnitten charakterisiert es Gott. Gott ist der Helfer Israels. Helfend wirkt Jahwe als Schöpfer und Erretter. So bezieht sich das Wort „Helfer" auf verschiedene Dinge, es bezeichnet eine wohltuende Beziehung und kann Gott, Menschen und auch Tieren beigelegt werden. Das Wort selbst legt irgendwelche Stellungen innerhalb einer solchen Beziehung nicht fest, genauer gesagt, es bedeutet nicht Untergeordnetheit. Die Stellung des Helfers ergibt sich aus dem, was sonst noch gesagt wird. Also, welche Art von Beziehung wird 'ezer in Gen 2, 18 u. 20 beigelegt? Darauf gibt es zweierlei Antwort: 1) das Wort neged, das 'ezer begleitet, bedeutet Gleichheit: ein Helfer, der eine Ergänzung ist. 2) Die Tiere sind Helfer, aber sie passen nicht zu 'adham. Im physischen und vielleicht auch im psychischen Bereich gibt es eine Übereinstimmung zwischen 'adham und den Tieren, denn Jahwe formt (yasar) sie beide aus Erde ('adhamah). Aber ihre Ähnlichkeit ist keine Gleichheit. 'Adham gibt ihnen Namen und übt somit Macht über sie aus. Kein zu ihm passender Helfer ist unter ihnen. Und so bewegt sich die Geschichte auf die Frau zu. Meine Interpretation ist: Gott ist der Helfer, der dem Menschen überlegen ist, die Tiere sind die Helfer, die dem Menschen unterlegen sind, und die Frau ist die Gehilfin, die ihm ebenbürtig ist.

Lassen Sie uns der Frage weiter nachgehen, indem wir den Bericht von der Erschaffung der Frau untersuchen (Gen 2, 21–22). Diese Episode beschließt die Geschichte so, wie die Erschaffung des Mannes sie eröffnete. Wie ich schon gesagt habe, legt die Ringkomposition eine Interpretation von der Gleichsetzung des Mannes und der Frau nahe. Um die Bedeutung zu erhärten, müssen Struktur und Inhalt zusammenpassen. Sie tun es. In beiden Episoden ist der Schöpfer allein am Werk. Während der Erschaffung der Frau „ließ Gott der Herr einen tiefen Schlaf (tardemah) fallen auf den Menschen". Der Mann nimmt also nicht teil an der Erschaffung der Frau, er steht abseits. Er übt keinen Einfluß auf ihr Dasein aus. Er ist weder Teilnehmer, noch Zuschauer, noch Berater bei ihrer Entstehung. Wie der Mann verdankt die Frau ihr Leben allein Gott. Für beide ist der Ursprung des Lebens ein göttliches Geheimnis. Eine weitere Parallele findet sich in der Erschaffung aus Rohmaterialien: Erde für den Mann und eine Rippe für die Frau. Jahwe wählt diese zerbrechlichen Materialien und bearbeitet sie in beiden Fällen, bevor menschliche Wesen daraus entstehen. So wie Jahwe Erde vom Acker formt und ihr den Odem des Lebens einbläst, um den Mann zu machen, so nimmt Jahwe die Rippe und „baut" ein Weib daraus. Die Frau „Adams Rippe" nennen, heißt den Text falsch lesen, der doch klar und deutlich sagt, daß der herausgenommene Knochen von Gott bearbeitet werden mußte, damit daraus eine Frau wurde, eine Tatsache, die wohl kaum dazu ersonnen wurde, das männliche Ego zu stützen. Auch wenn behauptet wird, daß die Rippe Minderwertigkeit und Unterordnung bedeute, so hieße das, dem Mann überlegene Eigenschaften zuschreiben, die in der Erzählung selbst nicht enthalten sind. Überlegenheit, Kraft, Aggressivität, Herrschaft und Macht charakterisieren den Mann in Gen 2 nicht. Im Gegenteil, er wird aus Staub gemacht, sein Leben hängt von einem Atem ab, auf den er keinen Einfluß hat, und er selbst verhält sich still und passiv, während Gott seine Existenz plant und ihr einen Sinn gibt.

Die Rippe bedeutet Solidarität und Gleichwertigkeit. 'Adham erkennt das in einem Gedicht an.

„Das ist doch Bein von meinem Bein
und Fleisch von meinem Fleisch.
Man wird sie Männin ('ishshah) nennen,
weil sie vom Manne ('ish) genommen ist" (Gen 2, 23).

Das Wortspiel weist auf die Gleichartigkeit und doch Verschiedenheit von Frau und Mann hin. Vor dieser Episode hat der Jahwist nur den Gattungsbegriff Mensch gebraucht. Es ist bis dahin keine Anspielung darauf gefallen, daß er nur den Mann meint. Erst mit der spezifischen Erschaffung der Frau tritt die Geschlechtlichkeit von Mann und Frau gleichzeitig in Erscheinung. Die Geschlechter sind aufeinander bezogen und voneinander abhängig. Der Mann ist nicht eher männlich als die Frau weiblich, sondern er wird es gleichzeitig mit ihr. Daher tritt auch der spezifische Ausdruck „Mann" ('ish) erst bei der Erschaffung der Frau ('ishshah) auf. Vorher ist der Mensch androgyn (2.7), und zuletzt erst wird seine Sexualität geschaffen (2, 23). Der Mann hat auch Weibliches in sich und die Frau Männliches. Die beiden verkörpern weder eine Zweiteilung, noch sind sie Duplikate. Die Entstehung der Frau entspricht der Entstehung des Mannes, kopiert sie aber nicht. Als er auf die Frau reagiert, spricht der Mann zum ersten Mal, und zum ersten Mal entdeckt er sich selbst als männlich. Er ist nun nicht mehr ein passives Geschöpf, sondern 'ish wird lebendig, als er 'ishshah begegnet.

Einige lesen aus dem Gedicht (oder in das Gedicht) eine Namensgebung. Der Mann gibt der Frau einen Namen und hat somit Macht und Autorität über sie. (...)

Indem er den Tieren Namen gibt, begründet 'adham seine Oberhoheit über sie und findet darum keine zu ihm passende Gehilfin. Wenn er sie „Männin" nennt, gibt er ihr keinen Namen, aber er findet in ihr eine Ergänzung. Das weibliche und das männliche Geschlecht sind gleichwertig. Keins hat Autorität über das andere.

Eine weitere Beobachtung sichert dieses Argument. „Männin" selbst ist kein Name. Es ist ein allgemeines Substantiv, kein Eigenname. Es kennzeichnet das Geschlecht, aber es ist keine genaue Bezeichnung für die Person. 'Adham erkennt durch die Wörter 'ishshah und 'ish die Geschlechtlichkeit. Diese Erkenntnis ist nicht ein Akt der Namensgebung, mit der die Macht des Mannes über die Frau geltend gemacht würde. Ganz im Gegenteil! Aber der wahre Skeptiker fragt schon: Wie ist es denn mit Gen 3, 20, wo es heißt: „Und Adam nannte sein Weib Eva"? Wir müssen diese Frage einen Augenblick zurückstellen. Indessen sagen uns die Worte des alten Gedichts, so wie auch ihr Kontext, daß die Geschlechtlichkeit ihren Ursprung in der Einheit des 'adham hatte.

Aus diesem (androgynen) Geschöpf kamen zwei (die Frau und der Mann). Die beiden kehren zu ihrer ursprünglichen Einheit zurück, als 'ish und 'ishshah ein Fleisch werden (2, 24), wieder ein Beispiel für eine Ringkomposition.

Als nächstes zu den Meinungsverschiedenheiten über die Frage, wie es von der Harmonie und Ebenbürtigkeit zu Ungehorsam und Unglück kam. Die Schlange spricht zu der Frau. Warum zu der Frau und nicht zu dem Manne? Die einfachste Antwort ist, daß wir es nicht wissen. Der Jahwist sagt darüber ebenso wenig, wie er erklärt, warum der Baum der Erkenntnis des Guten und Bösen im Garten Eden war. Aber das Schweigen des Textes regt zu Spekulationen an, von denen viele nur die patriarchalische Mentalität untermauern, von der sie ausgingen. Cassuto setzt Schlange und Frau gleich und behauptet, daß die List der Schlange „in Wirklichkeit" die List der Frau sei. Er geht dabei noch weiter, indem er erklärt, daß „gerade, weil die Phantasie der Frau die des Mannes übertrifft, es die Frau war, die zuerst verführt wurde". Obwohl etwas milder in der Einschätzung, behauptet von Rad doch auch, daß es in der Jahwe-Religion immer die Frau gewesen sei, die eine Neigung zu obskuren astrologischen Kulten gehabt habe (eine Behauptung, die er nicht beweist). Folglich ist er der Meinung, daß die Frau mit den obskuren Verlockungen und Geheimnissen, die unser begrenztes Leben umgeben, direkter konfrontiert wird als der Mann, und er nennt sie eine „Versucherin". Paul Ricoeur sagt, daß die Frau den „schwachen Punkt" repräsentiere und daß die gesamte Geschichte ein echt männliches Ressentiment bezeuge. McKenzie bringt die „moralische Schwäche" der Frau mit ihrer „sexuellen Anziehungskraft" in Verbindung und meint, daß die letztere beide, Mann und Frau, ins Verderben gezogen habe.

Aber die Erzählung enthält von dem allen nichts. Sie unterstützt das Urteil nicht, daß die Frau schwächer oder listiger oder sexuell attraktiver sei. Beide haben denselben Schöpfer, der ausdrücklich das Wort „gut" gebraucht, als er die Frau schaffen will (2, 18). Beide sind gleich in ihrer Entstehung. Und es besteht vollständige Übereinstimmung zwischen beiden in körperlicher, seelischer, soziologischer und theologischer Hinsicht: Bein von Bein und Fleisch von Fleisch. Wenn es bei dem einen moralische Anfälligkeit gibt, so ist das eine moralische Anfälligkeit beider. Weiter, sie sind gleich in ihrer Verantwortlichkeit und unter dem Urteil, in Scham und Schuld, in Erlösung und Gnade. Was die Erzählung über die Natur der Frau aussagt, sagt sie auch über die Natur des Mannes.

Warum spricht die Schlange zu der Frau und nicht zu dem Mann? Lassen Sie einmal eine Frau spekulieren. Wenn die Schlange schlauer ist als die anderen Geschöpfe, dann ist die Frau ansprechender als ihr Mann. In dem ganzen Mythos ist sie die intelligentere, die aggressivere und die mit dem größeren Empfindungsvermögen. Vielleicht erhöht die Frau die Tierwelt, indem sie sich mit der Schlange theologisch unterhält. Jedenfalls versteht sie die hermeneutische Aufgabe. Sie zitiert Gott und interpretiert das Verbot („Rühret sie auch nicht an!"). Die Frau ist sowohl Theologin als auch Interpretin. Sie betrachtet den Baum und überlegt alle Möglichkeiten. Sie sieht, daß von dem Baum gut zu essen ist, er befriedigt ein Bedürfnis des Körpers. Er ist eine Lust für die Augen, er ist ästhetisch und gefühlsmäßig begehrenswert. Vor allem aber ist er verlockend, weil er klug macht. So ist sich die Frau ihrer Handlung voll bewußt, in ihrer Vision tastet sie die ganze Skala des Lebens ab. Dann nimmt sie die Frucht und ißt. Die Initiative und die Entscheidung sind allein ihre. Sie berät sich nicht mit ihrem Mann. Sie bittet weder um seinen Rat noch um seine Erlaubnis. Sie handelt unabhängig. Im Gegensatz dazu ist der Mann still, passiv und lediglich ein Empfänger, „und gab ihrem Mann, der bei ihr war, auch davon, und er aß". Der Erzähler macht keinen Versuch, den Mann als zögernd oder nachdenkend darzustellen. Der Mann stellt keine Überlegungen an, auch keine theologischen, er sieht die Möglichkeiten, die in diesem Geschehen liegen, gar nicht. Seine eine Handlung ist auf den Magen hin orientiert, sie entspringt der Untätigkeit, nicht der Initiative. Der Mann ist nicht vorherrschend, er ist nicht aggressiv, er fällt keine Entscheidung. Obwohl das Verbot schon vor der besonderen Erschaffung der Frau ausgesprochen wird, weiß die, daß es sie betrifft. Sie hat es verstanden, und nun kämpft sie mit der Versuchung, ungehorsam zu sein. Der Mann, dem das Verbot direkt gegeben wurde, denkt nicht daran (2, 6). Er folgt seiner Frau, ohne zu fragen oder etwas zu sagen, und verleugnet so seine eigene Individualität. Wenn die Frau intelligent, sensibel und klug ist, so ist der Mann passiv, roh und untüchtig. Diese Charakterporträts sind wahrhaft außergewöhnlich in einer von Männern beherrschten Kultur. Ich betone diesen Gegensatz nicht, um weiblichen Chauvinismus zu fördern, sondern um patriarchalische Interpretationen zu unterhöhlen, die dem Text fremd sind.

Der Unterschied zwischen Mann und Frau verblaßt nach ihrer Tat des Ungehorsams. Sie sind eines in dem neuen Wissen um ihre Nacktheit (3, 7). Sie sind eins im Hören und Verstecken. Sie fliehen vor dem Rufen Gottes im Garten (3, 8). Der Mann wird zuerst nach seiner Verantwortung gefragt (3, 9 u. 11), aber er zeigt sich nicht verantwortlich: „Das Weib, das du mir zugesellt hast, gab mir von dem

Baum, und ich aß" (3, 12). Hier gibt der Mann nicht der Frau die Schuld, er sagt nicht, sie habe ihn verführt, sondern er klagt Gott an. Das Verb, das er sowohl für Gott als auch für die Frau gebraucht, ist ntn (vgl. 3, 6). Soweit ich es entscheiden kann, bedeutet dieses Verb nicht Verführung, weder in diesem Kontext noch im Lexikon. Wieder hat also der Jahwist, falls er beabsichtigte, die Frau als Verführerin hinzustellen, eine gute Gelegenheit verpaßt. Die Antwort der Frau unterstützt diese Ansicht. „Die Schlange betrog mich, so daß ich aß" (3, 13). Nur hier kommt das starke Verb nsh' vor, das „betrügen", „verleiten" heißt. Gott nimmt diese Erklärung an, wenn er gleich nach der Anklage der Frau zu der Schlange sagt: „Weil du das getan hast, seist du verflucht, verstoßen aus allem Vieh und allen Tieren auf dem Felde" (3, 14).

Obwohl der Versucher (die Schlange) verflucht wird, werden der Mann und die Frau nicht verflucht. Aber sie werden gerichtet, und der Richterspruch ist ein Kommentar zu der unheilvollen Wirkung, die ihr gemeinsamer Ungehorsam gehabt hat. Er zeigt, wie schrecklich das menschliche Leben geworden ist, da es zwischen Schöpfung und Gnade steht. Wir lesen die Geschichte falsch, wenn wir annehmen, daß der Richterspruch eine Anordnung sei. Er beschreibt, er schreibt nicht vor. Er protestiert, er verzeiht nicht. Von besonderem Interesse sind die Worte, die der Frau sagen, daß ihr Mann ihr Herr sein soll (3, 16). Diese Aussage ist keine Genehmigung für männliche Vorherrschaft, sondern eher ihre Verdammung. Herrschaft und Unterwerfung sind Perversionen der Schöpfung. Durch Ungehorsam ist die Frau eine Sklavin geworden. Ihre Initiative und ihre Freiheit schwinden dahin. Auch der Mann ist verdorben, denn er ist ein Herr geworden, der über diejenige herrscht, die ihm von Gott gegeben und ebenbürtig war. Die Unterordnung der Frau unter den Mann ist ein Ausdruck ihrer gemeinsamen Sünde. Diese Sünde verdirbt alle Beziehungen: die zwischen Tieren und Menschen (3, 15), Müttern und Kindern (3, 16), Mann und Frau (3, 16), Mensch und Acker (3, 17 u. 18), Mensch und Arbeit (3, 19). Während der Mann und die Frau bei der Schöpfung Harmonie und Ebenbürtigkeit kannten, erfahren sie nun Entfremdung und Zwietracht. Die Gnade aber macht einen Neubeginn möglich.

Noch einige weitere Beobachtungen zu diesen Richtersprüchen: Sie sind kulturell bedingt. Gatte und Arbeit (Kinder gebären) bestimmen das Leben der Frau, Gattin und Arbeit (Ackerbestellung) bestimmen das Leben des Mannes. Wenn wir die Geschichte wörtlich nehmen, engen wir sowohl die beiden Geschöpfe als auch die Geschichte ein. Um sie richtig zu verstehen, müssen wir erkennen, daß Frauen und Männer über diese kulturell festgelegten Rollen hinausgehen können, so wie auch die Intention und Funktion des Mythos über ihre ursprüngliche Szenerie hinausgehen. Was für Formen auch immer die Klisches in unserer eigenen Kultur annehmen, sie sind immer Urteile über unsere gemeinsame Sünde und unseren Ungehorsam. Das Leiden und die Unterdrückung, die wir Frauen und Männer jetzt kennen, sind Kennzeichen unseres Sündenfalls, nicht unserer Schöpfung.

Und an dieser Stelle, also unter der Sünde und dem Urteil, „nannte Adam sein Weib Eva" (3, 20) und richtete damit seine Herrschaft über sie auf. Die Namensgebung selbst gibt dem Mann unrecht, da er eine gegenseitige und ebenbürtige Beziehung korrumpiert. Und so weist Jahwe das erste Menschenpaar aus dem Garten Eden aus, allerdings mit Zeichen der Gnade. Interessanterweise sagt das Ende der Geschichte nichts über die Geschlechter bei der Flucht aus. Statt dessen greift der Erzähler wieder den androgynen Gattungsbegriff 'adham auf, mit dem die Geschichte begann, und schließt somit seine alles umfassende Ringkomposition ab (3, 22–24).

Wir betrachten diesen Mythos unter der Frage, ob er einen Bruch mit dem Patriarchat andeutet. Unser Lesen unter einem anderen Vorzeichen hat schon Frucht getragen. Die patriarchalischen Ordnungen verblassen in beachtlichem Maß; erstaunlich ist, wie der Jahweist zu seiner von Männern beherrschten Kultur steht, und ebenso überraschend ist, in welchem Ausmaß die Vision eines übergeschlechtlichen Gottes das Verständnis der menschlichen Geschlechtlichkeit geprägt hat.

Aus: E. Moltmann-Wendel, Frauenbefreiung

12   Helmut Gollwitzer, Das Hohe Lied der Liebe

Ja zur geschlechtlichen Liebe
Dietrich *Bonhoeffer* schreibt am 2. 6. 1944 in einem anderen Brief aus dem Gefängnis („Widerstand und Ergebung", Neuausgabe 1970, 345): „Über das Hohelied schreibe ich Dir nach Italien. Ich möchte es tatsächlich als irdisches Liebeslied lesen. Das ist wahrscheinlich die beste christologische Auslegung" – besser also als die allegorische Deutung auf Christus. Was mag er damit gemeint haben? Am Ende wird uns das hoffentlich verständlicher sein.

Zuerst etwas ganz Allgemeines: Die große Gabe, die Gott uns mit der modernen historisch-kritischen Schriftforschung macht, zeigt sich gerade beim Hohenlied. Denn wenn es sich hier wirklich schlicht um menschliche Geschlechtsliebe handelt, dann ist eine solche Sammlung als Buch der *Bibel* die Aufforderung an die Kirche und die Christen, endlich einmal ein unbefangenes Verhältnis zum Sexus und Eros zu gewinnen, und „unbefangen" heißt hier: *sich freuen, daß es das gibt:* diese Lust – eine der mächtigsten und herrlichsten Empfindungen – ist ein wunderbares Geschenk des Schöpfers. „Schaut her", sagt die Bibel, „hört ihnen zu, diesen zwei Verliebten, wie sie sich aneinander freuen, jeder am andersartigen Leib des anderen – wie sie sich verzückt betrachten, nackt und bloß, von oben bis unten – wie sie sich sehnen nach der nächtlichen Umarmung und Vereinigung, Adam und Eva im Paradies, ohne Scham, Glück des Geschlechts – so ist es gemeint: ‚und er schuf sie, einen Mann und ein Weib'. Wie konntet ihr nur darauf verfallen, dies für sündig zu halten, Sinnlichkeit mit Unsittlichkeit gleichzusetzen? Schaut, wie bei den beiden alle Sinne beteiligt sind: sehen, hören, riechen, schmecken, betasten! Diese Sinnlichkeit ist die Sittlichkeit ihrer Liebe; denn es ist die gottgewollte Liebe, gerade so eine ganz menschliche, dem Menschen zugedachte Liebe. Nicht entfernt etwas Untermenschliches, etwas Tierisches, ein ‚Erdenrest zu tragen peinlich' für euch Menschen, als solltet ihr danach streben, reine Geistwesen zu werden. Nichts ist so untierisch wie gerade die menschliche Sexualität: nicht an Brunstzeiten gebunden, nicht nur der Fortpflanzung der Gattung dienend, nicht auf den dafür bestimmten Genitalverkehr sich beschränkend, sondern den ganzen Menschen umfassend, jeder ganz auf den Geschlechtspartner hingewiesen und ihm zugewiesen. Als Mann und Frau seid ihr tiefer verschieden als Hengst und Stute und gerade in dieser Verschiedenheit ganz aufeinander bezogen, leiblich füreinander da – keiner ist Mensch ohne den anderen, erst zusammen seid ihr ganz Mensch, und das Liebesspiel der Leiber und die leibliche Vereinigung ist zugleich Symbol *und* Vollzug eurer totalen Zusammengehörigkeit, eures gänzlichen Angewiesenseins aufeinander." Alles kommt darauf an, dem nicht auszuweichen: wir erleben hier die Feier der sinnlichen Liebe, nichts anderes!

1. Die beiden sind nicht fromm; sie denken nicht an Gott, nur an ihre Liebe, gänzlich unreligiös. Hätten sie in jener Zeit religiös von ihrer Liebe gesungen, so hätte das ganz anders geklungen. In den Völkern um Israel her spielte die Verbindung von Religion und Sexualität eine große Rolle. Im Koitus vollzog sich göttliche Befruchtung. Die Liebe der Götter und Göttinnen war das Urbild der Liebe von Mann und Frau. Israels Gott aber steht jenseits der Geschlechtlichkeit; er ist weder Mann noch Frau. Für „Göttin" gibt es im Hebräischen nicht einmal ein Wort. Sexus und Eros sind rein menschliche Angelegenheiten. Die unreligiöse Weise des Hohenliedes ist etwas Einzigartiges in der orientalischen Welt. „Daß ein ganzer Lebensbereich, der von den Nachbarreligionen als ein sakrales Mysterium und ein gottheitliches Geschehen betrachtet wurde, hier in einer völlig entmythisierten Gestalt erscheint, ist eine theologische Leistung von höchster Bedeutung" (Gerleman, 84). „Theologisch" heißt hier: Der biblische Glaube macht die Welt wirklich zur Welt, zur nicht-göttlichen Kreatur. *Weil* Gottes Schöpfergüte ihm gegenwärtig ist, darf das Geschöpf sich seines Lebens freuen so, wie es ist. Damit man Ja zum Leben sagen kann, muß es nicht erst religiös überhöht, ins Göttliche hinaufgesteigert werden. Gott freut sich des Lebens seiner Geschöpfe, und daraufhin dürfen und sollen auch sie sich ihres Lebens freuen. Diese Folge des Gottesbundes war Israel gerade in der Zeit klar geworden, die man die salomonische Aufklärung, den salomonischen Humanismus nennt: eine Zeit, in der den Menschen in Israel das menschliche Leben und die Natur interessant werden; sie betrachten die weltlichen Dinge auffallend modern, unreligiös, ohne sie mit Göttlichem zu vermischen, ganz profan. Das Hohelied muß nicht von Salomo gedichtet sein; aber sein Dichter verrät diese Atmosphäre seiner Zeit in der Art, wie er die beiden Liebenden sprechen läßt von nichts als von ihrer Liebe und von dieser als einer ganz menschlichen, leiblichen, sinnlichen.

2. Darum auch keine Fabeleien von einer „reinen" Liebe, rein geistig, als wäre das eine höhere Form von Liebe! Die Liebe dieser beiden ist keineswegs „rein", nämlich rein von sexuellem Verlangen, im Gegenteil: sie sind voll davon und sehnen sich nur danach, miteinander ins Bett gehen zu können. „Ich bin krank vor Liebe", gestehen sie sich gegenseitig (2,5; 5,8). Wir sehen ihn fensterln vor dem Schlafzimmer der Geliebten (5, 2–6), und er schwärmt sie an: „Dein Nabel ist wie eine runde Schale; möge der Wein dafür nicht fehlen!" (7, 3). Sie ist begeistert von seinen Schenkeln, die wie Alabaster sind (5, 15), und ruft ihm zweimal zu: „Bis sich der Tag entfacht und die Schatten entweichen – liebe mich sanft wie eine Gazelle oder gewaltsam wie ein junger Berghirsch!" (2, 17; 8, 14) – dies ausgerechnet die letzten Worte des Hohenliedes!

3. Damit das nicht ganz unmoralisch wird, fand man den Ausweg, es als Gespräch von Ehegatten anzusehen, eine Rühmung der ehelichen Liebe. Aber nichts deutet an, daß die zwei verheiratet sind; im Gegenteil: weil sie es *nicht* sind, sehnen sie sich nach Plätzen, an denen sie ungestört miteinander schlafen können (7, 12f.; 8, 1f.).

4. Als rettender Engel für dieses Moralproblem kam ein deutscher Konsul, namens Wetzstein, der gegen Ende des vorigen Jahrhunderts Beobachtungen über orientalische Hochzeitsbräuche mitteilte, über die Spiel- und Tanzgesänge bei den vieltägigen Hochzeitsfesten in Syrien und Ägypten. Nun konnte man das Hohelied sich denken als Text für ein solches Fest: einzelne Sänger im Wechsel mit dem Chor stellen die Liebe dar, die das Paar erfüllt, das nun bald die ehelichen Freuden genießen darf. Aber auch das ist Phantasie zur Rettung der Moral. Denn nirgends wird auf die bevorstehende eheliche Verbindung und nirgends auf Hochzeit angespielt, und daß er sie einmal als seine „Braut" bezeichnet (4, 8–10), ist sicher nicht mehr als ein Kosetitel. Es hilft nichts, die beiden lieben sich und schlafen miteinander, ohne daß irgend jemand es ihnen erlaubt hat, ohne Standesamt und Traualtar – und so was in der Bibel!

5. Damit ist uns auch die letzte Möglichkeit moralischer Ehrenrettung verbaut, die „biologische", d. h. zu meinen, die zwei wollten ein Kind haben oder seien wenigstens bereit dazu. Sex und Fortpflanzung sind hier vielmehr so getrennt, wie es für „Liebe ohne Angst" heute erst die Pille möglich gemacht hat. Mit keinem Wort wird im Hohenlied daran gedacht, daß Miteinander-Schlafen noch einen anderen Zweck haben könnte als nur den einen des Lustgewinns für die beiden Beteiligten. Welten liegen zwischen dem Hohenlied und jenem Satz in der Vatikanischen Erklärung zur Sexualethik vom 12. 1. 1976: nur durch seine Funktion für die Fortpflanzung erhalte der Geschlechtsakt seine „Ehrbarkeit" – ohne diesen Bezug sei er also etwas, dessen der Mensch sich schämen müsse. Die zwei Liebenden im Hohenlied denken nicht im Traum daran, sich zu schämen; sie halten die sexuelle Lust ganz unabhängig von ihrem biologischen Fortpflanzungszweck für etwas Wunderbares und singen das ohne Hemmung frei in die Welt hinaus. Ihre Liebe ist durch nichts legitimiert als durch ihre Liebe. Die Bibel wird im Hohenlied zur Verbündeten aller Liebenden, die für ihre Liebe keine andere Legitimation haben als ihre Liebe. Ihr „Rendezvous ist von keiner gesellschaftlichen Legalisierung geschützt, steht nur unter der Schirmherrschaft der Liebe und muß nach gemeinsam verbrachter Nacht mit dem schmerzlichen Abschied rechnen" (Gerleman, 120, zu 2, 6). Und im gleichen Sinne Georges Crespy, 110 (vgl. mein Vorwort):

„Mit dem Hohenlied findet sich der Erotismus integriert im biblischen Text ... Die Sexualität wird hier lyrisch, und die Mehrzahl der modernen Liebeslieder würde blaßgesichtig wirken neben diesem Lied, wenn es besser bekannt wäre. Aber die Legalität ist hier total abwesend, wogegen die Rassenmischung sich problemlos präsentiert: ‚Ich bin schwarz, aber hübsch, ihr Töchter von Jerusalem' (1, 5). Man versteht doppelt gut die Verbannung dieses Liedes aus den kirchlichen Agenden, zum mindesten aus denen für die Eheschließung. Nicht nur gibt es das Schauspiel einer Liebe, die reichlich wenig um Ehrbarkeit bemüht ist, sondern es etabliert auch in voller Ruhe die Priorität der Liebe über den Stammesregeln für Ehe (ja sogar über die Hochzeitsvorschriften) in einem sozial festgelegten Rahmen."

Geschlechtliches Begehren –
eine gute Gabe Gottes

Das Hohelied macht zur Testfrage für unsere Einstellung zur Sexualität die Frage: Wie haltet ihr es mit dem Recht der illegalen, der durch nichts anderes als nur durch sich selbst legitimierten Liebe? Die gleiche Frage ist durch die sogenannte „sexuelle Revolution" der überlieferten kirchlichen Sexualmoral gestellt. Die Jüngeren haben in den zwei letzten Jahrzehnten die Älteren in sehr revolutionärer Weise vor das Fait accompli ihrer freien Zweierbeziehungen gestellt. Die Jahrtausende alte Norm „Nur die legale Sexualität ist gottwohlgefällig, die illegale ist Unzucht und Sünde" ist von ihnen zum alten Eisen verbannt, und die Älteren mußten dieser Befreiung der Sexualität aus den Fesseln der Legalisierungsvorschriften ohnmächtig zusehen. Hierzu jetzt nur zweierlei:

1. Diese alte Norm ging aus von der Prämisse: An sich ist die Sexualität etwas Negatives, eine Fessel des Geistes nach unten, wenn nicht an sich sündig, so doch jedenfalls tierisch. Nach Auffassung der mittelalterlichen Theologie, aber auch noch Luthers, ist mit der sexuellen Lust die Weitergabe der Erbsünde von Generation zu Generation verbunden. Weil zugleich in seinen Wirkungen oft genug sehr destruktiv für geordnetes Zusammenleben (man denke an Rivalität und Eifersucht bis zum Mord!), war der Geschlechtstrieb vor allem Gegenstand der Überlegungen, wie man ihn dämpfen und kanalisieren und kontrollieren könne. Eben dazu mußte man ihn diffamieren und seine Betätigung auf kontrollierte Bereiche einschränken. Dazu brauchte man die Religion, und die christliche Kirche machte hierbei eifrig mit, auch hier im Dienst der bestehenden Gesellschaftsordnung, die an der legalen Vererbung von Besitz und Privilegien interessiert war. Die Kirche half dazu, indem sie a) den Sexus diffamierte und b) als erlaubtes Betätigungsfeld für ihn die von ihr kontrollierte Zweierbeziehung, genannt Ehe, anbot als remedium peccati (Heilmittel für die Sünde) und als Gelegenheit, legale, d. h. erbberechtigte Nachkommen zu zeugen. Mit diesem Dienst für die bestehende Gesellschaftsordnung sicherte sich die Kirche zugleich ihre eigene Herrschaft; denn die Diffamierung eines so kräftigen Naturtriebes mußte natürlich lebhafte Schuldgefühle erzeugen, die die Menschen in die Beichtstühle trieb. Für die Stillung dieser Schuldgefühle war allein die Kirche durch das Sakrament der Absolution zuständig, darum unentbehrlich und bekam so ein unschlagbares Mittel der Beherrschung und Kontrolle der Seelen und auch der Köpfe. Der herrschenden Gesellschaft konnte das nur recht sein; denn die mit diesen Mitteln herrschende Kirche erzog die Menschen zur Untertänigkeit, zur Bejahung des Herrschaftssystems, und so wusch eine Hand die andere.

So düster vieles in der heutigen Zeit ist – die Entdeckung des Hohenliedes könnte ein Anlaß sein zu finden, daß wir in einer Zeit voll von neuen und positiven Möglichkeiten leben, z. B. eben dieser: der Bann der alten kirchlichen Sexualmoral ist gebrochen, ebenso die Filzokratie von Kirche und Gesellschaftsmächten, und durch das Hohelied sagt die Bibel Ja dazu! Darum:

2. Wenn in der Geschichte alte Fehlentwicklungen erkannt und verlassen werden, so bieten sich zwar neue, bessere Möglichkeiten an; damit kommt aber noch nicht das Reich Gottes. D. h., die *Jüngeren* heute lassen zwar jahrhundertealte Probleme und Verkrampfungen und Heucheleien hinter sich, aber sie handeln sich, wie heute schon am Tage ist, mit der neuen Freiheit auch neue Probleme ein. Was kann zu deren Bewältigung das Hohelied beitragen? Zuerst die Aufforderung an die *Älteren*, d. h. an alle, die noch in der Erbschaft der traditionellen Auffassung von der Sexualität mit all ihren Abers und Vorbehalten und Ängsten und Vorschriften stehen: Irgend etwas Hilfreiches für euch selbst und für die Jüngeren könnt ihr nur dann sagen und tun, wenn ihr forthin mit dem Ja anfangt und nicht mehr mit dem Nein, auch nicht gleich dem

Ja das Aber folgen laßt: „*Ja,* wir sehen ja ein, daß es sich hier nicht um Sündiges, sondern um Schöpfung handelt, *aber* es ist doch etwas sehr Gefährliches, und man kann da doch nicht einfach alles gutheißen, und man muß doch für eine strenge Ordnung sorgen, und das sechste Gebot muß doch wieder eingeschärft werden" usw. Hinter diesem Ja–Aber steht jener heimliche Hader mit Gott, der die ganze traditionelle Sexualethik durchzieht: eigentlich hätte der liebe Gott die Fortpflanzung der Menschheit doch auf eine weniger unanständige und weniger leidenschaftliche Weise vor sich gehen lassen können; wären wir Schöpfer, wir hätten das besser gemacht. Weil es nun aber von Gott so eingerichtet ist, müssen wir sehen, wenigstens Schlimmeres zu verhüten, indem wir die Sexualität in die Regie unserer Normierung und Legalisierung nehmen. Das Fazit der Erziehung in diesem Geiste sprach eine mir bekannte Frau aus, als sie zu ihrer Tochter vor deren Hochzeit sagte: „Wenn man einen Mann liebt, erträgt man auch das!"

Die Sexualität ist in uns hineingelegt, nicht damit wir sie in Respekt vor dem unerforschlichen, aber unerfreulichen Ratschluß des Schöpfers ertragen, sondern damit wir sie als einen herrlichen und spezifisch menschlichen Reichtum unseres Lebens erkennen.

Appetitus ad mulierem est bonum donum Dei (das Begehren nach der Frau ist gutes Geschenk Gottes) – so *Luther!* Freilich ist bezeichnend, daß Luther als Mann hier nur vom männlichen Begehren spricht; die züchtige Frau hatte zu tun, als habe sie kein derartiges Begehren, sondern erfülle nur aus Liebe die eheliche Pflicht. Im Hohenlied spricht die Frau dem Manne ganz ebenbürtig, auch und gerade darin, daß sie Verlangen und Lust ebenso offen ausspricht wie der Mann!

Hier „erklingt", wie Karl *Barth* (Kirchliche Dogmatik III/2, 355) schreibt, „eine Stimme ..., die man in Gen. 2 noch vermissen könnte, nämlich die Stimme der Frau, die dem Mann mit nicht weniger Schmerz und Freude entgegensieht als er ihr, und die in nicht geringerer Freiheit – es fehlt nur das ‚Dieser nun endlich!' – ihn entdeckt, wie sie von ihm entdeckt wird".

Orientierungshilfen zur Ordnung der Liebe

Was kann das Hohelied, das Lied einer nichtlegalisierten Liebe, denen sagen, für die der Unterschied zwischen legaler und illegaler Liebe und die Diskriminierung der illegalen Liebe hinfällig geworden sind? Wenn sie es genau lesen, werden sie es nicht lesen als einen Freibrief zum unbekümmerten Ausleben der Sexualität; sie werden hier einige Orientierungen finden für das Leben in der heutigen Freiheit. Denn daß in dieser Freiheit die Liebe nicht nur sich entfalten, sondern auch beschädigt werden kann, das erfahren sie ja schon deutlich genug. Die *alten Orientierungen* bestanden in den Legalisierungen und Diskriminierungen – sie sind vergangen, und es wäre nicht gut, sie aus Angst und in Flucht vor der Freiheit wieder neu zu etablieren. Ihr *Wahrheitsmoment* aber war, daß auch das Leben der Liebe und die Entfaltung der Sexualität nach einer *Ordnung* verlangt, ohne die es nur zu einer Scheinentfaltung kommt, die in Wirklichkeit Verkümmerung ist. Elemente einer solchen Ordnung, einer nicht mehr repressiven, sondern evangelischfreien Ordnung, sind im Hohenlied sichtbar – gerade wegen seiner konzessionslosfreien Unbekümmertheit um alle legalen Regeln.

1. Auffallend ist, wie schon gesagt, die vollkommene Ebenbürtigkeit der *Frau*. In der arabischen Liebeslyrik haben wir genug Lieder, in denen der liebende Mann die Schönheit der Geliebten beschreibt

und bewundert. Ungewöhnlich aber ist das Gleiche aus dem Mund der liebenden Frau (5, 10.16). Es ist bezeichnend und nicht zufällig, daß das Hohelied *beginnt* mit der heißen Liebesäußerung des Mädchens: „Ich dürste. O stille meinen Durst mit den Küssen deines Mundes!" (1, 2). In der sexuellen Freiheit unserer Tage ist die Gleichberechtigung der Frau erst juristisch und formal erreicht. Immer noch und oft genug sind Mädchen nur die Gedrängten und Bedrängten – Skalpe für die Ruhmsucht der Jungen –, um ihrer Geltung willen mitmachen müssend, nicht aus freiem Willen und eigenem Gefühl.

2. Bei den zwei Liebenden des Hohenliedes wird das Begehren nie zur Pression; keiner setzt den anderen unter Druck. Der andere ist der ersehnte Partner, nicht das begehrte Mittel zur Sexualbefriedigung, allenfalls auch durch eine Puppe ersetzbar. Keine Verdinglichung zum Sexualobjekt findet hier statt. Alle Liebesrufe sind Appelle an das freie Gefühl des Geliebten, Ausdruck der Hoffnung, der andere werde gleichermaßen empfinden. Ausgeschlossen sind hier ebenso die Roheit der Vergewaltigung wie die Raffinesse der Verführung – beides Methoden, um den anderen zu dem zu bringen, was er von sich aus nicht will, und ihn zum Mittel für meinen Zweck und Willen zu machen. Begehren in Respektierung der Freiheit und Ebenbürtigkeit des anderen läßt nur Hoffnung auf seine freie Liebesantwort zu und lehnt jede noch so feine Methode der Erpressung ab.

3. Es handelt sich um fleischliche, sinnliche, sexuelle Liebe, habe ich betont – gegen die Tendenz, das Hohelied durch Hineingeheimnissen einer „höheren" Liebe zu spiritualisieren und moralisch retten zu wollen. Nun aber muß hinzugefügt werden: diese Liebe ist zugleich ganz geistig – oder besser noch: bei ihr gibt es keine Trennung des Leiblichen und des Geisti-gen. Der Aufwand von Geist im Ausdruck der Liebe, in der Kunstfertigkeit dieser Gedichte, in ihren Vergleichen um der bewundernden Anschauung willen zeigt die Geistigkeit dieser Liebe wie die Gerichtetheit auf die Person des Partners. Dieser Partner ist nicht der auswechselbare Repräsentant des anderen Geschlechts, also doch nur Sexualobjekt; er ist das nicht-auswechselbare einmalige *Du,* gerade *dieser* Vertreter des anderen Geschlechts und kein anderer. Nur diese Frau, nur dieser Mann wird geliebt: Wieviel königliche Frauen und „Mädchen ohne Zahl" auch dem König in seinem Harem zur Verfügung stehen – „*eine* ist meine Taube" (6, 8 f.), so bekennt er – und sie ist da nur für ihn, „den meine Seele liebt" (1, 7; 3, 2–4). Diese fleischliche Liebe ist ganz personhafte Liebe, und diese personhafte Liebe ist ganz fleischliche, sinnliche Liebe. Gerade die frühere Diffamierung des Sexus hat hier getrennt: auf der einen Seite die nur geistige Liebe, nur auf die Person gerichtet, auf der anderen Seite die nur fleischliche Triebbefriedigung mit dem andern als Mittel zum Zweck; und das wiederholt sich auch heute in wahlloser Promiskuität, ohne daß es zur Vertrautheit vom Du zum Du, zur Erlösung aus der Einsamkeit kommt. Darauf aber ist die Geschlechtsliebe gerichtet: auf das *Vertrautwerden* zweier Menschen in der *Ganzheit* der *leiblich-geistigen Begegnung.* Ob das Zusammensein und das Zusammenschlafen dahin tendiert, ist jedesmal die *Frage,* die mindestens als Frage dabei lebendig sein soll. Nicht als neues *repressives Verbot* ist das gemeint, nicht als eine Bedingung, ohne die man nicht darf; aber erst die Hoffnung, es entstehe mehr als nur das Vergnügen zweier Leiber, gibt dem Zusammensein die Möglichkeit der liebenden Freude und macht den Partner zum unverwechselbaren Du, der mein Leben bereichert und aus dem Egoismus

herausführt. „Sag ihnen: Liebt euch, soviel ihr könnt, aber nicht, sooft ihr könnt!", riet mir ein befreundeter Psychotherapeut, als ich mit ihm kürzlich über diese Bibelarbeit für den Kirchentag sprach.

4. „Ich bin meines Liebsten, und mein Liebster ist mein", singt das Mädchen einmal (6, 3), und ein anderes Mal umgekehrt: „Mein Liebster ist mein, und ich bin sein" (2, 16), und schließlich: „Ein edler Wein, der meinem Geliebten leicht hinuntergleitet ... bin ich für meinen Geliebten, und nach mir ist sein Verlangen" (7, 10f.). Die Einheit und Ganzheit von sinnlicher und personaler Liebe besagt: Jeder findet seinen Reichtum nicht in sich selbst, sondern im anderen. Jeder will für den anderen die Quelle der Lust sein. Jeder hat seine Lust nur, indem er dem anderen zur Quelle der Lust wird. Jetzt ist die Verwendung des anderen zum Mittel für den Zweck der eigenen Lust ganz überwunden. Nicht als ob das Begehren nach dem anderen überwunden wäre! Es ist stark – aber es ist auch weise geworden, und das eben durch die Liebe. Der Egoismus – ich brauche den anderen für mich, für mein Glück – ist die Kraft des Eros; die Erkenntnis, ich werde nur glücklich durch das Glück des anderen, ist die Weisheit des Eros. Er weiß: Ich komme auf meine Rechnung nicht dann, *wenn* auch der andere, sondern nur dadurch, *daß* auch der andere auf seine Rechnung kommt. In dieser Weisheit ist jeder der beiden Liebenden im Hohenlied ganz für den anderen da, ganz nach dem anderen verlangend und zugleich ganz um den anderen besorgt. Wer nur an sich selbst und sein eigenes Glück denkt, dem entgeht der Reichtum, der hier verheißen ist. Weil aber dieser Reichtum im Zusammensein mit einem anderen Menschen in der Ganzheit der Person besteht, wächst mir eine Verantwortung für den anderen zu, die sich auf seine Lusterfüllung bezieht, aber nicht auf sie beschränkt. Mit einem Menschen zusammen Glück zu finden – das ist von vornherein und immer mehr, als durch Dinge, auch z. B. durch Kunstwerke beglückt zu werden. Es ist mehr, weil es meine Einsamkeit aufhebt, und es ist riskanter und abenteuerlicher, weil ich diesen andern Menschen nie abtrennen kann von seinem übrigen Leben, auch nicht von seinen Sorgen und Lasten, mögen sie auch im Augenblick des Glücks vergessen sein und nicht zur Sprache kommen. Sexualität als zwischenmenschliche Beziehung bringt Menschen als Menschen zusammen und nicht nur als Dinge. Dasein für den anderen wird hier zur Bedingung eigenen Glücks. Dieses Dasein für den anderen macht den Sexus zum Eros, zur Liebe. Weil ich aber damit nicht nur einen Teil des anderen Menschen, sondern einen ganzen anderen Menschen zum Partner bekomme, gerät der Eros unvermeidlich, wie wir gleich sehen werden, in die Dimension der Agape, unter die kritische Frage der Agape. Daß Eros und Agape nicht im Gegensatz zueinander gesehen werden dürfen, sondern daß es gerade auf ihre Einheit ankommt, wird uns im Hohenlied auch dadurch angedeutet, daß gegen Ende dieser Sammlung ein Lied steht, in dem gerade christliche Agape von jeher sich ausgesprochen gefunden hat, und das doch unzweifelhaft hier als Gipfelaussage des Eros steht: „Lege mich wie ein Siegel auf dein Herz, wie ein Siegel auf deinen Arm! Denn Liebe ist stark wie der Tod und Leidenschaft unwiderstehlich wie das Totenreich. Ihre Glut ist feurig und eine Flamme des Herrn, so daß auch viele Wasser die Liebe nicht auslöschen und Ströme sie nicht ertränken können. Wenn einer alles Gut in seinem Hause um die Liebe geben wollte, so könnte das alles nicht genügen" (8, 6–7).

Aus: H. Gollwitzer, Das Hohe Lied der Liebe

Der Mann im populären deutschen Lied

13 Ina Deter, Neue Männer braucht das Land

Ich sprüh's auf jede Häuserwand
Ich such den schönsten Mann im Land
Ein Zettel an das schwarze Brett
Er muß nett sein auch im Bett

Kratze es in Birkenrinden,
wo kann ich 'was Liebes finden?
Schreibe es in Gold auf die Altäre,
Ich komme nicht mit der Schere

Male es auf jede U-Bahn,
Ruf mich unter ‚318' an
Drucke mir Flugblätter
mit dem Bild von dem Erretter.

Und verteile sie vor Karstadt,
Hab' die Männer noch nicht ganz satt,
Setz' es fett in die Bildzeitung,
Emanze sucht 'ne Begleitung

Ich sprüh's auf jede Häuserwand:
Neue Männer braucht das Land

Laß's im Werbefernsehen laufen,
Notfalls würd' ich einen kaufen.
Singe es von allen Bühnen
große Chancen haben Hünen
Trage es auf meinem T-Shirt,
Schreib' mir wer wo was von wem hört

Werd' 'ne Neonleuchtschrift machen,
wenn Du so bist wie Dein Lachen
möchte ich Dich wiedersehn
mit Dir schwimmen nach Athen
sogar mit Dir früh aufstehn
sogar mit Dir untergehn!

Mobi Music Verlag Ina Deter, München

14 Herbert Grönemeyer, Männer

Männer nehmen in den Arm
Männer geben Geborgenheit
Männer weinen heimlich
Männer brauchen viel Zärtlichkeit

Männer sind so verletzlich
Männer sind auf dieser Welt
einfach unersetzlich

Männer kaufen Frauen
Männer stehen ständig unter Strom
Männer baggern wie blöde
Männer lügen am Telefon
Männer sind allzeit bereit
Männer bestechen durch ihr Geld
und ihre Lässigkeit

Männer haben's schwer, nehmen's leicht
außen hart und innen ganz weich
werden als Kind schon auf Mann geeicht
Wann ist man ein Mann?

Männer haben Muskeln
Männer sind furchtbar stark

Männer können alles
Männer krieg'n 'nen Herzinfarkt

Männer sind einsame Streiter
müssen durch jede Wand
müssen immer weiter
Männer ...

Männer führen Kriege
Männer sind schon als Baby blau
Männer rauchen Pfeife
Männer sind furchtbar schlau
Männer bauen Raketen
Männer machen alles ganz genau
Männer kriegen keine Kinder
Männer kriegen dünnes Haar
Männer sind auch Menschen
Männer sind etwas sonderbar
Männer sind so verletzlich
Männer sind auf dieser Welt
einfach unersetzlich

Männer ...

Kick Musikverlag/Grönland Musikverlag

Frau und Mann im Neuen Testament

15 Franz Alt, In der Schule von Frauen

„Ich habe in den letzten Jahren vor allem von Frauen gelernt: von meiner Frau, von meinen Töchtern, von meiner Therapeutin, von Kolleginnen." Wenn ich das irgendwo sage, schauen mich auch heute noch viele Männer mitleidsvoll an. Doch vor 2000 Jahren war ein solches „Eingeständnis" absolut unerhört. Frauen waren mindere Wesen, das jüdische Patriarchat mißachtete sie. Auch Jesus mußte erst lernen, Frauen ernst zu nehmen. Jesus, der Lernende, ging in die Schule von Frauen. Er hatte es nötig.

> Eine kanaanitische Frau kam zu ihm und rief: „Herr, du Sohn Davids, hab' Erbarmen mit mir! Meine Tochter wird von einem bösen Geist sehr geplagt." Aber Jesus gab ihr keine Antwort. Schließlich drängten ihn die Jünger: „Siehe zu, daß du sie los wirst; sie schreit ja hinter uns her!" Aber Jesus sagte: „Ich bin nur zu der verlorenen Herde, dem Volk Israel, gesandt worden." Da warf die Frau sich vor Jesus nieder und sagte: „Hilf mir doch, Herr." Er antwortete: „Es ist nicht recht, den Kindern das Brot wegzunehmen und es den Hunden vorzuwerfen." „Gewiß, Herr", sagte sie, „aber die Hunde bekommen doch wenigstens die Brotkrumen, die vom Tisch ihrer Herren herunterfallen." Da sagte Jesus zu ihr: „Du hast ein großes Vertrauen, Frau! Was du willst, soll geschehen." Im selben Augenblick wurde ihre Tochter gesund. (Mt 15, 22–28)*

* In der Interpretation dieses Textes und des Lukas-Textes folge ich weitgehend der Interpretation von Christa Mulack.

Jesus hatte noch nicht begriffen, was Nächstenliebe ist. Er dachte am Anfang gar nicht daran, dieser Ausländerin auch nur zu antworten. Jesus scheint hier noch ganz gefangen in Sexismus und Nationalismus. Dann versucht er es mit der Ausrede, er sei nur für die Juden da – die Kanaaniterin war eine Nichtjüdin, also eine Heidin. Diese Ausrede hat Jesus einem heidnischen Mann gegenüber nicht gebraucht. Im Gegenteil: Als der heidnische Hauptmann von Kafarnaum um die Heilung seines Knechtes bittet, sagt Jesus spontan: „Ich will kommen und ihn heilen." Als die heidnische Frau dagegen hartnäckig bleibt, vergleicht Jesus sie mit einer Hündin. Als Frau ist sie gar kein richtiger Mensch! Brot ist für „die Kinder", da, nicht für „die Hunde". Die Frau nimmt die Bosheit an: „Die Hunde bekommen doch wenigstens die Brotkrumen." Erst jetzt wird sich Jesus seiner Verachtung gegenüber dieser unnachgiebigen Mutter bewußt. Die Frau hat ihm einen Spiegel vorgehalten, indem sie sein Bild der Verachtung aufgegriffen hatte. Jesus lernt so, sein eigenes Verhalten als „hündisch" zu begreifen. Er sieht seinen Schatten, seinen männlichen Stolz, seine noch nicht integrierte Anima.

Er beginnt auf das Weibliche in sich zu hören, und darum kann das Wunder der Heilung und der inneren Wandlung geschehen. Jesus hat von der nichtjüdischen Frau viel gelernt. In der Begegnung mit Frauen können Männer das Wesen ihrer eigenen Seele erleben. Christa Mulack, die das Verhältnis Jesu zu Frauen in ihren Büchern „Die Weiblichkeit Gottes" und „Jesus, der Gesalbte der Frauen" so deutet, wie ich es in diesem Kapitel wiedergebe, zieht dieses Fazit der Geschichte: „Nur weil er selbst durch die Phase der Menschenverachtung gegangen ist und bereit war, sich eines besseren belehren zu lassen, konnte er zum Lehrer anderer werden – denn hinter ihm stand die Autorität der Selbst-Erfahrung." Jesus war nicht von Anfang an vollkommen: er entwickelte sich aber ganzheitlich, zu einem ganzen Mann, weil er bereit war, aus Fehlern zu lernen – auch von Frauen. Jesu Lernbereitschaft gegenüber Frauen ist deshalb so neu und überraschend, weil Männer zu seiner Zeit noch gar keine psychische Beziehung zum Weiblichen hatten.

Von Frauen hat Jesus gelernt, daß vor allem die Schwachen geschützt werden müssen – eine weiblich-mütterliche Erkenntnis. Die Starken können sich selber helfen. Jesus stellt die Werteskala des Patriarchats auf den Kopf: Nicht die Nationalität und nicht das Geschlecht zählen, sondern allein die Hilfsbedürftigkeit und die Schwachheit. Jesus hat durch die Hartnäckigkeit der Mutter, deren Tochter von einem „bösen Geist sehr geplagt" wird, viel gelernt. Die Frau war sehr aufdringlich. Es ist leicht denkbar, daß sie ihre eigene Neurose, ihren eigenen „bösen Geist", auf die Tochter übertragen hatte. Doch als Jesus hinter der Fassade ihrer Aufdringlichkeit schließlich ihre große seelische Not, aber auch ihr Vertrauen zu ihm erkannt hatte, wandte er sich ihr ganz zu. Wahrscheinlich sahen sich die fremde Frau und Jesus tief in die Augen, bevor er den befreienden und letztlich heilenden Satz sagen konnte: „Du hast ein großes Vertrauen, Frau! Was du willst, soll geschehen." Vertrauen – das Schlüsselwort Jesu, das Wort, das alles verwandelt. Das Wort, das die Angst um die Tochter besiegt. „Vertrauen ist der Mittelpunkt des femininen Bewußtseins." (Sukie Colgrave) Ein anima-integrierter Mann ist ein Mann, der Angst durch Vertrauen überwindet. Ängstliche Eltern haben meist ängstliche Kinder. Angstfreie Eltern haben meist angstfreie Kinder. Als Jesus die Angst der Frau angenommen und ihr Vertrauen erwidert hatte, konnte auch der „böse Geist" der Tochter verschwinden. Die gordischen Knoten der Angst können sich in Sekundenschnelle wie von selbst auflösen – allein durch die Heilkraft des Vertrauens. Wer es an sich selbst erfahren hat, braucht es nicht mehr zu glauben. So wunderbar ist dieses „Wunder" gar nicht! Ganz natürlicherweise hat die vom Vertrauen Jesu beruhigte Frau ihre Tochter anders angetroffen als zurückgelassen. Eine Mutter, die sich endlich wohl und verstanden fühlte, traf zu Hause eine Tochter, die sich wohlfühlte.

Theologen mögen enttäuscht sein: Von Gott ist bei dieser Wunder-Geschichte nicht die Rede. Auch nicht von Christus. Lediglich von einem Mann, der einer gestreßten Mutter zuhört und ihre seelische Not verstanden hat. Vertrauen und Zuhören sind *die* weiblichen Eigenschaften des Mannes Jesus.

Dazu gehört auch, daß er der Freund der Schwachen und Verachteten ist: der Zöllner und Sünder, der Kinder und Frauen. Und heute muß man hinzufügen: Er ist der Freund der Alten und der Asylbewerber, der Aids-Kranken und der vielen alleinerziehenden Mütter und Väter. Das Schwache ist das Weibliche in uns. Stark im Sinne Jesu, im Sinne einer Umwertung aller patriarchalischen Werte werden wir, wenn das Schwache, das Weibliche, in uns stark wird. Christa Mulack: „Auch ich sehe in Jesus die Inkarnation inzwischen vergessener weiblicher Werte, die er – und das ist das Besondere an ihm – als Mann zu leben versuchte."

Auch dem Mann Jesus fiel es nicht leicht, sich von Frauen in Frage stellen zu lassen.

Entgegen aller herrschenden Sitte besuchte Jesus Frauen in ihren Häusern, auch in Abwesenheit ihrer Männer. Bei Martha und Maria war Jesus oft zu Gast. Sein Umgang mit Frauen war unbeschwert, weil er offen war und lernbereit. Der Samariterin am Jakobusbrunnen begegnete er zunächst männlich-jüdisch arrogant. Er bat sie um Wasser und sagte: „Wenn du wüßtest, wer dich um Wasser bittet, hättest du *ihn* um Wasser gebeten, und er hätte dir lebendiges Wasser gegeben." (Joh 4,10)

Die nichtjüdische Frau antwortet ihm nicht theologisch-abstrakt, sondern weiblich-konkret: „Du hast doch keinen Eimer, und der Brunnen ist tief, woher willst du dann lebendiges Wasser haben?" (Joh 4, 11) Typisch Mann, größenwahnsinnig! hat sie gedacht.

Und dann verweist die Nichtjüdin den Juden Jesus auf ihre gemeinsame Vergangenheit: „Du willst doch nicht sagen, daß du mehr bist als unser Stammvater Jakob?" Jesus argumentiert zunächst weiter theologisch: „Wer von dem Wasser trinkt, das ich ihm gebe, wird niemals mehr Durst haben." Und religiös-nationalistisch verengt sagt er schließlich von oben herab zu der nichtjüdischen Samariterin: „Ihr Samariter kennt Gott eigentlich gar nicht, zu dem ihr betet: doch wir kennen ihn, denn die Rettung kommt von den Juden." (Joh 4,22)

Noch ganz der jüdischen Tradition verhaftet, glaubt Jesus zunächst an den „Gott der Juden". Erst in der Konfrontation mit dieser Frau wird ihm klar, wie eng sein eigenes Gottesbild war. Jesus begreift in diesem Augenblick die Absurdität eines „jüdischen", jedes nationalistischen Gottes.

Noch in diesem 20. Jahrhundert schlachteten sich Millionen nationalistisch gesinnter Christen gegenseitig ab. Auf dem Koppel der deutschen Soldaten stand noch im Zweiten Weltkrieg: „Gott mit uns." Religiöser Nationalismus hatte die fürchterlichsten Auswirkungen. Im Gespräch mit der Samariterin am Brunnen überprüft Jesus sein Gottesbild und überwindet seinen jüdischen Gott. Plötzlich und ganz anders sagt er jetzt zu ihr: „Aber eine Zeit wird kommen, und sie hat schon begonnen, da wird der Geist, der Gottes Wahrheit enthüllt, Menschen befähigen, den Vater an jedem Ort anzubeten. Gott ist ganz anders als diese Welt, er ist machtvoller Geist, und die ihn anbeten wollen, müssen vom Geist der Wahrheit neu geboren werden. Von solchen Menschen will der Vater angebetet werden." (Joh 4, 23–24)

Damit reißt Jesus die nationalistische Schranke ein, die er zuvor selbst zwischen sich und der nichtjüdischen Frau errichtet hatte: Gott ist kein Gott der Juden mehr, Gott ist jetzt Geist, zeitlos ewig, ein Gott für *alle*. Und dann das große Wort, das völlig neue Gottesbild: Wer Gott verstehen will, „muß vom Geist der Wahrheit neu geboren werden". Es war eine Frau, die ihn zu dieser neuen Gottesschau, zum großartigsten Gottesbild der Menschheit inspirierte: Die Schwachen und Entrechteten, die Gedemütigten und Ausgebeuteten *aller* Nationen und *aller* Zeiten haben einen barmherzigen Vater: einen Vater, der sie mütterlich liebt. Sie, *alle,* haben eine Heimat.

Gegen jede Frauenfeindlichkeit und gegen jeden dogmatischen Feminismus, der in alter Verblendung Männer- und Frauenrollen nur austauschen will, sagt der erste neue Mann uns Männern und den Frauen: Ihr seid gleichwertig. Entscheidend ist eure innere Gesinnung. Ihr sollt nicht *herr*schen, ihr sollt einander lieben und dienen. Was ihr *habt,* ist unwichtig, was ihr *tut,* ist zweitrangig. Wichtig ist, *wie* ihr es tut und wie ihr *seid*!

Die übereifrige Hausfrau Martha war

eifersüchtig auf ihre Schwester Maria. Für Maria war nämlich geistiges Lernen von Jesus wichtiger als Küche und Tischdienst. Jesus sagte: „Martha, Martha, du sorgst und kümmerst dich um so viele Dinge, aber nur eines ist notwendig. Maria hat das Bessere gewählt." (Luk 10, 41–42)

Die berühmte „Hausfrauenkrankheit", die Frauen geistig austrocknet, ist offenbar schon sehr alt. Maria war für Jesus geistige Partnerin. Jesus hat die Rolle durchschaut, in die das Patriarchat die Frauen gedrängt hatte: Kinderkriegen und Männerfreuden. Frauen, die sich angeblich für ihre Familie „aufopfern" und zu bequem und ängstlich sind, ihrem Haus-Patriarchen gegenüber entschieden „Nein!" zu sagen, schädigen psychisch nicht nur sich, sondern auch ihren Mann und – vor allem – ihre Kinder.

Frauen, die sich nur „aufopfern", müssen neurotisch werden. Wer neurotisch ist, macht auch andere krank. Die notwendige Animus-Entwicklung der Frau führt zu mehr Selbstbewußtsein, die Anima-Entwicklung des Mannes zu mehr Selbst-Bescheidung. Frauen haben oft einen Nachholbedarf an äußerer Entwicklung, Männer einen Nachholbedarf an innerer Entwicklung. Viele Frauen sind sehr hingabefähig. Animus-integrierte Frauen sind aber auch widerstandsfähig.

Jener Frau, die das Weibliche allein aufs Kinderkriegen reduzierte und Jesus zurief: „Die Frau, die dich geboren und aufgezogen hat, wie darf die sich freuen!" erwiderte er: „Sag lieber: Freuen dürfen sich vielmehr alle, die Gottes Wort hören und es befolgen." Jesus forderte inmitten einer patriarchalischen Umwelt Frauen auf, sich zu emanzipieren, sich auf ihre geistigen Werte zu besinnen. Er gab den Entrechteten ihre geistige Würde zurück. Von diesem Mann träumen Frauen bis heute. Sie kennen diesen Jesus und sehen den immer größer werdenden Widerspruch in den Kirchen zwischen dem verkündeten Jesus und dem wirklichen Jesus. Uns kommt es hier ausschließlich auf den wirklichen Jesus an. Christa Mulack schreibt über den Wachstumsprozeß in Jesus: „Bei Jesus selbst können wir annehmen, daß er bis zum Zeitpunkt jenes Geschehens im Hause der Maria und Martha seine persönliche Anima-Problematik bewältigt hatte: denn die Frau war inzwischen von einer ‚Hündin' zu einem Geistwesen aufgestiegen, was sie auch im wahrsten Sinne des Wortes ist." Daß ich der Tiefenpsychologie von Hanna Wolff und der feministischen Theologie von Christa Mulack viele neue Jesus-Einsichten und damit mehr Selbsterkenntnis verdanke, ist ein niemals hoch genug zu bewertendes Verdienst meiner Frau. Danke, Bigi! Als wir vor 23 Jahren heirateten, habe ich nicht zu träumen gewagt, wie anregend und aufregend der gemeinsame Weg mit einer geistig wachen Partnerin werden würde. Das Hören auf Frauen und das Lernen von Frauen – nicht das blinde und sentimentale Übernehmen jedes Vorschlags aus dem Munde jeder Frau – ist die Gesellenprüfung für jeden Mann, der wirklich erwachsen werden und nicht ein Leben lang ein „Muttersohn" bleiben will. Die feministische Theologie ist *die* Befreiungstheologie in den reichen Ländern.

Aus: Franz Alt, Jesus – der erste neue Mann

16 Franz Alt, Der Traum von einem Mann

Die Brutalität, mit der das Patriarchat den ersten neuen Mann wegen seiner Solidarität mit den Schwachen und mit dem Weiblichen vernichten wollte, ist bekannt. Vergleiche mit der Brutalität, mit der die christliche Männerkirche Jahrhunderte später Hunderttausende von Frauen als Hexen gequält, gefoltert und verbrannt hat und mit der das nationalsozialistische und das kommunistische Patriarchat in diesem Jahrhundert Millionen Menschen aus rassistischen oder politischen Gründen abgeschlachtet haben, drängen sich auf.

Unmittelbar vor seiner Kreuzigung solidarisiert sich Jesus noch einmal öffentlich mit Frauen.

> Eine große Menschenmenge folgte Jesus. Viele Frauen klagten und weinten um ihn. Aber er drehte sich zu ihnen um und sagte: „Ihr Frauen von Jerusalem! Weint nicht um mich! Weint um euch selbst und um eure Kinder!"
>
> (Luk 23, 27–28)

Der Liebling der Frauen und Kinder durchschaute die Verhaltensmuster des Patriarchats, weil er sie am eigenen Leib grauenhaft brutal zu spüren bekam. Männer, die das Weibliche und das Kindliche in sich verdrängen und unterdrücken, *müssen* gegen Frauen und Kinder brutal werden. Dieses Naturgesetz der Aggression hat in unserem Jahrhundert C. G. Jung am eindrucksvollsten formuliert. Jesus hat es erlitten und deshalb den „vielen Frauen", die hilflos mitansehen mußten, wie ihre große Hoffnung wieder einmal blind geopfert wurde, zugerufen: „Weint um euch selbst und um eure Kinder." Jesus, der das Schwache und Weibliche, den neuen Mann verkörperte, wurde gekreuzigt. Er ahnte wohl in diesem Augenblick, daß das Patriarchat und seine Ableger in allen politischen Ideologien aller Zeiten vor allem die Frauen und die Kinder und alle Schwachen als Geiseln nehmen und mißhandeln würden. Jesus war ein großer politischer Realist.

„Weint über euch und eure Kinder" heißt: Frauen und Mütter, verweigert euch dem Patriarchat und den Patriarchen – seid nicht länger ihre Komplizen. Seid nicht länger ihre Gebärmaschinen! Widersteht den nichtintegrierten Männern! Entwickelt euren Animus! Erzieht eure Kinder endlich so, daß sie sich nicht mehr als Kanonenfutter mißbrauchen lassen! Erzieht sie zu bewußter Gewaltlosigkeit und zum Widerstandsgeist gegen jede Form von Gewalt – vom Schlafzimmer bis zur Politik!

Was Jesus Frauen und Müttern aller Zeiten sagen wollte, hat Wolfgang Borchert nach dem Zweiten Weltkrieg so gesagt: „Du, Mutter in der Normandie und Mutter in der Ukraine, du, Mutter in Frisko und London, du, am Hoangho und am Mississippi, Du, Mutter in Neapel und Hamburg und Kairo und Oslo – Mütter in allen Erdteilen, Mütter in der Welt, wenn sie morgen befehlen, ihr sollt Kinder gebären, Krankenschwestern für Kriegslazarette und neue Soldaten für neue Schlachten, Mütter in der Welt, dann gibt es nur eins: Sagt NEIN! MÜTTER, sagt NEIN!"

Schon immer waren die Schwachen das Kanonenfutter eines blinden, unbewußt gebliebenen, ideologisch verbohrten Patriarchats, Christa Mulack schreibt überzeugend: „Der Kreuzgang Jesu durch die Straßen von Jerusalem ist nur ein Abbild des weiblichen Kreuzgangs durch die Geschichte des Patriarchats." Jesus ist zweifelsfrei ein Opfer des Männlichkeitswahns infantil gebliebener, unreifer Männer.

Und doch waren es Frauen, die der Welt das entscheidende Wort über Jesus sagten: „Er lebt!" Die männlichen Jünger hielten diese Botschaft zunächst für typisches Weibergeschwätz! Sie selbst waren am Ostermorgen noch Gefangene ihrer Angst – noch weit weg vom Schuß!

Die Verkündigung durch Frauen stieß von Anfang an auf männliche Ablehnung. „Er lebt" heißt: Die Überwindung patriarchalischer Verhältnisse ist möglich durch beseelte Männer und beherzte Frauen.

Wer meint, was ich schreibe, sei zu frauenfreundlich und zu männerkritisch, dem möchte ich sagen: Jesus *war* frauenfreundlich und männerkritisch. Und ich selbst habe vor dem Hintergrund meiner eigenen Entwicklung viele Gründe, von dieser Jesus-Position zu lernen.

Entscheidend wird heute sein:
– ob Frauen in Regierungen und Parlamenten nicht nur von Abrüstung reden, sondern zusammen mit Männern – endlich konsequenter als bisher die Männer – abrüsten,
– ob Frauen einen an mütterlichen Erfahrungen orientierten Machtumgang durchsetzen können,
– ob Zärtlichkeit und Macht keine unüberbrückbaren Gegensätze mehr bleiben,
– ob wenigstens Frauen begreifen, was „Ehrfurcht vor *allem* Leben" im Atomzeitalter politisch heißt und damit auch Männer inspirieren,
– ob sich Frauen mehr an ihrem Gewissen als am Fraktionszwang orientieren,
– ob Frauen sehen, daß das Problem nicht heißt, „böse Männer" durch „gute Frauen" zu ersetzen, sondern daß langfristig das Ziel sein muß, daß Männer, die den Reichtum ihres Gefühls ausleben, mit Frauen, die ihre Geisteskräfte einsetzen, partnerschaftlich zusammenarbeiten. Frauen sind wie Männer: Sie können küssen, und sie können beißen.

Aber gerade deshalb können Männer und Frauen nur gemeinsam das Grundübel vieler Zeitkrankheiten überwinden: die „vaterlose Familie" und die „mutterlose Gesellschaft" (Carola Stern).

Seit etwa 200 Jahren sehen Männer in Frauen so etwas wie eine industrielle Reserve-Armee. Jetzt denken einige Männer darüber nach, ob Frauen nicht auch für eine militärische Reserve-Armee taugen, Frauen zu den Waffen? Aus Gründen der Gleichberechtigung? Welch infame patriarchalische Bosheit" Es geht doch nicht darum, daß nun auch noch Frauen das Kriegshandwerk lernen – es geht vielmehr darum, daß Männer und Frauen gemeinsam lernen, ohne Waffen zu leben und dafür zu arbeiten, daß auf diesem Planeten kein einziges Kind mehr verhungern muß. Also: Nicht Frauen zum Kriegsdienst, sondern Männer und Frauen zum Friedensdienst – das ist das Motto, das wir von Jesus, dem ersten neuen Mann, gemeinsam lernen müssen. Wir brauchen Millionen junger Menschen aus beiden Geschlechtern, aus Ost und West und Süd und Nord

– damit die Wüsten wieder grün werden,
– damit sich eine giftfreie, natürliche Landwirtschaft durchsetzt,
– damit niemand mehr verhungert,
– damit Tier- und Pflanzenarten nicht mehr massenhaft aussterben müssen,
– damit die Erde wirklich neu wird.

Das ist die Vision des neuen Mannes aus Nazaret. Er ist das Vorbild für neue Frauen und neue Männer, die diese Vision leben wollen! Nicht der Kampf der Geschlechter, sondern Entwicklung und Partnerschaft zwischen den Geschlechtern sind die neuen Namen für Fortschritt und Liebe. Gegenüber modernistischen Tendenzen von Gleichmacherei zwischen Mann und Frau sei hier betont, daß wirkliche Partnerschaft heißt: Gleichberechtigung in der Verschiedenheit. Gerade heute im Zeitalter des Feminismus beginnt Jesus als erster neuer Mann zu strahlen wie die Sonne am Morgen eines neuen Frühlingstags. Die Strahlen dieser Sonne werden uns voll erreichen, wenn Frauen nicht länger von der Verkündigung der Heilkraft dieser neuen Sonne ausgeschlossen sind.

Krieg und Kirche, Kapital und Wissenschaftsbetrieb sind allesamt männliche Erfindungen. Wenige Tage nach der Katastrophe von Tschernobyl sagte eine Moskauerin voller Verzweiflung über die männliche Unfähigkeit, aus dem Unglück zu lernen, zu einem westlichen Journalisten: „Wenn da oben im Politbüro eine Frau säße, die das Leben kennt, dann würde man uns wenigstens bei der Auswahl der Lebensmittel helfen." Und dann folgte der treffende Satz: „Männer denken gar nicht an das Leben, sie wollen nur die Natur und den Feind bezwingen. Was immer es koste!"

Aus: Franz Alt, Jesus – der erste neue Mann

17 Franz Alt, Männer: Gesetz oder Geist?

Bei Männern ist fast alles nur am Gesetz orientiert. Selbst ihre Spiritualität und ihre Gottesdienste gestalten sie nach Vorschrift. Diese geistige Armut treibt heute Frauen massenhaft aus den Männerkirchen. In den Kirchen ist zwar noch immer viel Betrieb, aber es passiert nicht viel Wesentliches. Tanz und Meditation, Körperlichkeit und spontane Freude fehlen. Peinlich-steife Feierlichkeit statt lebendiger Spiritualität! Wie soll die Dimension des Göttlichen je durchbrechen, wenn persönliche Trauer und persönliche Freude, spontaner Trost und spontane Zuneigung in einem Gottesdienst als störend empfunden und Frauen und Kinder dort als Menschen zweiter Klasse behandelt werden, die am Altar nichts zu sagen haben. Die Kirche putzen – das dürfen sie! Warum orientiert sich eine Kirche, die sich auf Jesus beruft, nicht an der Ethik seiner Bergpredigt?

Freuen dürfen sich alle, die nur noch von Gott etwas erwarten und nichts von sich selbst, denn sie werden mit ihm in der neuen Welt leben.
Freuen dürfen sich alle, die unter der Not der Welt leiden, denn Gott wird ihnen ihre Last abnehmen.
Freuen dürfen sich alle, die keine Gewalt anwenden, denn Gott wird ihnen die Erde zum Besitz geben.
Freuen dürfen sich alle, die brennend darauf warten, daß Gottes Wille geschieht, denn Gott wird ihre Sehnsucht stillen.
Freuen dürfen sich alle, die barmherzig sind, denn Gott wird auch mit ihnen barmherzig sein.
Freuen dürfen sich alle, die ein reines Herz haben, denn sie werden Gott sehen.
Freuen dürfen sich alle, die Frieden schaffen, denn sie werden Gottes Kinder sein. (Mt 5, 3–9)

Jesus hat nicht von Männern gesprochen, sondern von „allen". So hatte noch nie ein Prophet geredet. Es geht beim Gott Jesu
– nicht um Strafe, sondern um Freude,
– nicht um Askese, sondern um Lebensfülle,
– nicht um Richten, sondern um Barmherzigkeit.

Jesu Nachfolger haben wieder einen männlichen Gott der Strafe, der Askese und des Richtens verkündet mit allen erbarmungslosen Konsequenzen bis zum „Gott mit uns" im Krieg. Aber der Jesus, der noch entdeckt werden will, ist ein Gott des Glücks, der Barmherzigkeit und der Freude. Im Deutschen sind die „Seligpreisungen" noch immer viel zu lau übersetzt. „Makarioi" ist mehr als „Freuen sollen sich" oder „Selig, die ...". Das heißt vielmehr:
– Selig vor Glück seid ihr, wenn ...
– Freut euch, ihr habt das große Los gewonnen –
– Ihr werdet es gar nicht fassen können –
– Ihr werdet außer euch sein.

Das ist Jesus und sein Gott. Jede und jeder ist eingeladen zu dieser unvorstellbaren Glückseligkeit.
In Anlehnung an die von Ernst Bloch geprägte Formel vom „aufrechten Gang" hat Hans Rudolf Hilty die Seligpreisungen des Bergpredigers aktualisiert. Den Kranken und Schwachen, den Suchenden und Besessenen, den Tausenden, die zu ihm kommen, ruft Jesus zu: „Leute, Gott will den aufrechten Gang!" Und wenn das Volksgemurmel abgeklungen ist, wird Jesus sehr deutlich und verlangt von uns Heutigen:

Den aufrechten Gang der Bettler, die betteln nach dem lebendigen Geist; ihnen die höchste Würde.
Den aufrechten Gang der Verzweifelten, die von Angst niedergedrückt sind; sie seien erhoben.
Den aufrechten Gang der Gedemütigten, die jede Gewalt ablehnen; ihnen gehöre die Erde.
Den aufrechten Gang der Verstoßenen, die hungern und dürsten nach den Rechten des Menschen; ihnen ein Festmahl.
Den aufrechten Gang der Geschundenen, die sich mit den Leiden der Menschen solidarisch fühlen; ihnen Schwesterlichkeit und Brüderlichkeit aller.
Den aufrechten Gang der Fragenden, die sich und anderen nichts vormachen; nur ohne Maske kann man Gott schauen.
Den aufrechten Gang der Friedensfrauen, die keine Waffen tragen; sie sind Kinder Gottes.
Den aufrechten Gang der Verfolgten um meinetwillen, die meine Verheißung ernst nehmen; auch ihnen die höchste Würde.

Leute! Geht aufrecht, wenn sie euch schmähen und bespitzeln, weil ihr jetzt hier seid. Sie haben schon die Propheten verfolgt und gefoltert. Ihre Schmähungen sind Lügen, ihre Folter ist Unrecht. Geht nicht mehr geduckt. Gott will den aufrechten Gang. Freut euch, die Feier des Lebens ist gekommen.

So spricht Jesus zu den Hunderttausenden in den Alternativbewegungen und zu den mutigen Blockierern vor den Raketensilos, zu den Tierbefreiern und Lebensschützern, zu den Mitgliedern von Green Peace und amnesty international, zu verzweifelten Frauen in einem Schwangerschaftskonflikt und zu den vielen, die im stillen an einer neuen Welt mitarbeiten.

Aus: Franz Alt, Jesus – der erste neue Mann.

Welche starken, urmännlichen Worte gebraucht Jesus, wenn es um den Schutz der Schwachen geht! Denjenigen, die Kinder schlagen und ihnen Gewalt antun, sagt Jesus: „Besser wäre es für euch, ihr würdet mit einem Mühlstein am Hals ertränkt!" Und denen, die gewalttätig sind gegenüber Frauen, sagt er: „Es ist besser für dich, du verlierst ein Glied deines Körpers, als daß du ganz in die Hölle geworfen wirst." Das ist jesuanisch eindeutig, wenn auch schon immer mißverstanden. Das kann Jesus nicht gesagt haben, erklären uns Vertreter der kritisch-historischen Forschung. Das paßt nicht zum „sanften" Jesus. Doch, doch, das paßt sehr gut zum wirklichen Jesus, zum ganzen Mann. Er wünscht ja niemanden „in die Hölle" oder „mit einem Mühlstein ertränkt". Er sagt vielmehr: Es gibt nichts Schlimmeres für euch Starke als die Mißachtung und Demütigung und Vergewaltigung der Schwachen. Wahrscheinlich geschehen im „aufgeklärten" Europa die meisten Verbrechen im Schlafzimmer, danach im Kinderzimmer. Aber über Vergewaltigung von Frauen und Gewalt an Kindern regt sich kaum jemand auf. Die Darstellung einer Vergewaltigung in der Fernsehserie „Schwarzwald-Klinik" hingegen löste massenhaft Zuschauerproteste aus. Der Protest richtet sich gegen die Darstellung der Gewalt, nicht gegen die Gewalt. Hier wird verdrängt. Ein grauenhafter Tod oder eine schreckliche Verstümmelung wären weniger schlimm als das, was wir den Schwächeren antun, meint Jesus!

Aber wir dürfen den ersten wirklich neuen Mann nicht mit einem unmännlichen, weibischen Mann verwechseln. Er hat schließlich ebenso knallhart gesagt: „Ich bin nicht gekommen, den Frieden zu bringen, sondern das Schwert." Viele meinen auch, daß dieser Satz nicht zum pazifistischen Jesus der Bergpredigt paßt. Wer Pazifismus mit reiner Harmonie, ängstlicher Feigheit und eigenem schwächlichem Nachgeben verwechselt, der hat recht. Jesus war nicht feig und ist kein Vertreter jener pazifistischen Richtung, die Frieden mit trügerischer Friedhofsruhe verwechselt.

Jesus hat Familien auseinandergerissen, auch seine eigene. „Die Wahrheit wird euch frei machen", nicht die Familienbande. „Sag ja, ja oder nein, nein, alles andere ist vom Teufel" – „Du kannst nicht zwei Herren dienen – Gott *und* dem Mammon." Jesus ruft euch zu echt männlicher Entscheidung, nicht zu Anpassung und Harmonisierung auf: „Neuer Wein in *neue* Schläuche"!

Das Schwerste an diesem Erlösungs- und Befreiungsweg ist die Begegnung mit dem eigenen „Schatten", die Begegnung mit dem, was wir vielleicht jahrzehntelang verdrängt haben. Hanna Wolff: „Der Mut zur Selbstbegegnung entscheidet." Sie erzählt den Traum eines jungen Theologen aus ihrer Praxis: „Aus einer Buchhandlung will ich nach Hause telefonieren ... Anstandshalber muß ich jetzt ein Buch kaufen. Ich frage nach der Taschenbuchabteilung, weil es dort die billigsten Bücher gibt ... Ich gehe in der Buchhandlung nach hinten und sehe rechts auf einem Regal hoch oben zahlreiche Bände, da ist auch ein Buch von C. G. Jung. Es kostet aber DM 78,–. Als ich es herunterholen will, kann ich nicht bis nach oben hingreifen. Aber da sind Schemel, auf denen man stehen kann."

Dieser junge Theologe sieht alles wesentliche, das wertvolle Buch, die Schemel, um ranzukommen, aber er tut nichts: Der Schemel bleibt unbenutzt, er will nur „anstandshalber" ein Buch kaufen. Ein Massenmensch, der allenfalls tun will, was „man" tut, aber nicht wirklich und beherzt auf den Schemel steigt und zugreift; er hat nicht den Mut zur Selbstbegegnung. Die Analyse wurde abgebrochen – ohne Ergebnis. Es fehlte am wirklichen, alles entscheidenden Willen.

Ganz anders Mahatma Gandhi, er hat den Mut zur Selbstbegegnung: Lange Zeit hatte er seine Frau geschlagen. Nur so, meinte der Hindu-Mann, werde sie eine „gute Hindu-Frau". Doch als er seine Lehre von der Gewaltfreiheit konzipierte, erkannte er den Widerspruch zwischen seinem Reden und seinem eigenen Tun. Er war entsetzt über sich und änderte sich – unter Tränen über sich selbst – sofort. *Deshalb* war seine Politik so echt und erfolgreich – er trennte privates und politisches Tun nicht mehr, er arbeitete an seiner Anima-Integration – wie Jesus.

Erst die Integration des Weiblich-Empfindsamen macht Jesus zu einem ganzen, zu einem sehr männlichen Mann. Er war nicht männisch, sondern wirklich männlich. Das ist der harte Jesus. Wir mögen ihn schon deshalb nicht, weil wir uns sonst wirklich ändern müßten. Die Ermahnungen, die Jesus an Martha und die Ehebrecherin richtet, sind harmlos gegenüber der Wut, die er die Vertreter des Patriarchats spüren läßt. Jesu konsequente und „harte" Ehe-Ethik dient dem Schutz der Frau vor der Willkür des Mannes.

Seit 25 Jahren wird die „sexuelle Befreiung" durch die „sexuelle Revolution" gepredigt. Wir wissen heute: Sie fand nicht statt. Es ist ein Fortschritt, daß es heute im Zusammenhang mit Sexualität weniger Schuldgefühle gibt. Aber die „sexuelle Revolution" hat nicht die große Befreiung gebracht. Viele behandeln ihre ständig wechselnden Sexualpartner wie Wegwerfartikel – wie eben alles in einer Wegwerfgesellschaft. Sex als Konsum verschleiert aber einen tiefen Mangel an Intimität, Humanität und seelisch ursprünglichen Erlebnissen.

Im Umgang mit Jugendlichen erlebe ich allerdings eine neue, wertorientierte Haltung: Sexualität ohne Schuld, aber auch ohne Konsumorientierung. Diese neue sexuelle Wertorientierung vieler junger und einiger älterer Menschen läßt ein neues Tiefenerleben der Liebe erwarten. Das ist auch gesellschaftlich eine große Hoffnung. Es ist ein Zeichen von Wahrhaftigkeit, wenn immer mehr Menschen – ganz im Sinne Jesu – empfinden, daß nicht der formale Akt der Eheschließung, sondern allein die Liebe sexuelle Erfahrung rechtfertigt. Der Trau-Schein ist sehr oft nur das Papier für eine Schein-Trauung! Sexuell erfüllte und glückliche Menschen aber geben einer Gesellschaft positive Impulse. Vielleicht wächst heute erstmals eine junge Generation heran, die – zumindest zum Teil – erleben lernt, was Sexualität in *verantworteter* Freiheit ist.

Körperliche Intimität ersetzt keine seelische Intimität. Deshalb geht der alte Geschlechterkampf noch immer weiter. Männer haben Angst vor Frauen, was sie so gut wie nie zugeben, und Frauen haben Angst vor Männern, was sie sich immer öfter eingestehen.

In dieser Situation empfiehlt Jesus uns heutigen Männern:
– Liebe statt schnellen Sex
– Vertrauen statt verdrängter Angst
– Hoffnung statt unreifer Illusion
– Erkenntnis der Liebe statt Bekenntnisse zur Liebe.

Aus: Franz Alt, Jesus – der erste neue Mann

19 Franz Alt, Jesus: Der emanzipierte Mann

Der gefühlsimpulsive Jesus handelt, wie er fühlt, und fühlt, wie er handelt. Er empfiehlt weibliches Zutrauen und beharrliches Bitten statt männlichen Verurteilens und strengen Richtens. Hinter diesen Weisungen steht die Autorität des ersten integrierten Mannes. Ein Mann mit einer tiefen Gotteserfahrung und einem sicheren Wertgefühl: gespeist aus der Dynamik und der Energie einer großen Seele – nüchtern, kritisch, unnachgiebig gegenüber faulen Kompromissen.

Dieser neue Mann mußte am eigenen Leib unvorstellbar schmerzhaft erfahren, wohin es führt, wenn die „alten" Männer das Wort Gottes im Munde führen, aber in ihrem Herzen versteinert bleiben, von „Gottes Wort" reden, in Wahrheit aber ihre eigenen Gesetze meinen. „Ihr habt aus Gott einen Gott der Toten gemacht" (Mk 12, 27), sagt Jesus diesen Vertretern des alten Bewußtseins. Gott aber lebt und will, daß seine Freunde das Schwache stärken, das Kranke heilen, das Verirrte suchen. „Neue Männer braucht das Land" stand an vielen Häuserwänden – gemeint sind Männer, die sich nicht schwach, sondern stark fühlen, wenn sie ihre weiblichen Fähigkeiten leben. Das ist unsere Berufung. In Jesus lebte der Traum dieser Berufung.

Die Zukunft gehört neuen Männern und neuen Frauen, die in Jesu Schule gehen und nicht mehr in die des Patriarchats. Männlichkeit, wie sie das alte Männer-Stereotyp forderte, war sehr anstrengend, es forderte ein Verhalten der Stärke, der Rivalität und des Kampfes: Und Stärke wird dabei mit der Summe der Atombomben verwechselt oder mit der Summe auf dem Bankkonto. Auch der „alte" Mann wünschte schon immer heimlich, gefühlvoller leben zu können: der „neue" Mann übt dies und fängt an, Konsequenzen zu ziehen: Männer-Emanzipation ist das große Thema der Zukunft. Feministinnen haben recht, wenn sie uns sagen: Ihr müßt euch selbst befreien. Männerbefreiung heißt in erster Linie: die Seele entdecken und pflegen. Wenn Männer bleiben, was sie heute sind, dann ist das Ende der Menschheit nicht mehr weit. Wenn aber emanzipierte Männer, inspiriert von emanzipierten Frauen, sich auf den Weg der Partnerschaft machen, bauen wir zusammen das auf, wovon Jesus vor 2000 Jahren träumte: die „neue Welt". In den Weisungen der Bergpredigt finden wir die Grundregeln einer menschlichen Zukunft. Der Soziologe Walter Hollstein faßt das Selbstverständnis des neuen Mannes so zusammen: „Nicht Herrscher, aber kräftig."

Wie kräftig der neue Mann Jesus hinlangen konnte, zeigt seine Abrechnung mit den Pharisäern und Theologen:

Sie selber tun gar nicht, was sie lehren. Sie schnüren schwere Lasten zusammen und laden sie den Menschen auf die Schultern, aber sie selbst machen keinen Finger krumm, um sie zu tragen ... Alles, was sie tun, tun sie, um von den Leuten gesehen zu werden ... Sie haben es gern, wenn man sie ... als „hochwürdige Lehrer" anredet ... Wehe euch Gesetzeslehrern und Pharisäern! Ihr Scheinheiligen! Ihr versperrt den Zugang zur neuen Welt Gottes vor den Menschen. Ihr selbst kommt nicht hinein, und ihr hindert alle, die hineinwollen. (Mt. aus Kapitel 2.3)

Der Meister aus Nazaret wird noch deutlicher, damit die Angst, mit der bloßen Buchstaben-Religion die Seele fesselt, sichtbar wird:

Weh' euch! Ihr wollt andere führen und seid selbst blind ... Ihr Scheinheiligen! Ihr gebt Gott den Zehnten ..., aber um die entscheidenden Forderungen seines Gesetzes – Gerechtigkeit, Barmherzigkeit und Treue – kümmert ihr euch nicht ... Kümmert euch zuerst um die innere Reinheit, dann ist alles äußere rein. Wehe euch Gesetzeslehrern und Pharisäern! Ihr seid wie weiß gestrichene Gräber, die äußerlich zwar schön aussehen, aber drinnen ist nichts als Würmer und Knochen. So seid ihr: Von außen hält man euch für fromm, innerlich aber steckt ihr voller Heuchelei und Schlechtigkeit. (Mt. aus Kapitel 23)

Zahllose Menschen, Enttäuschte und Gedemütigte, Ausgegrenzte und Hinausgeworfene, vor allem aber Frauen empfinden gegenüber der heutigen Männerkirche genau das, was Jesus vor 2000 Jahren an der Männerkirche kritisiert hat. Welch harmloses und unverbindliches Gesäusel ist die heutige Kritik an der Kirche gegenüber der Abrechnung Jesu!

„Ihr habt aus Gott einen Gott der Toten gemacht" (Mk 12,27), schleudert Jesus den Theologen entgegen. Wie aktuell, wenn wir an viele Gottesdienste denken, in denen „Mumienverehrung" (Bischof Franz Kamphaus) stattfindet, aber kein neues Leben wächst. Gott aber will leben, und er will keine Hirten, die *nicht* die Kranken heilen, *nicht* die Traurigen trösten und *nicht* die Schwachen stärken, sondern nur die Starken in der bürgerlichen Wohlanständigkeit bestätigen. Die Kirche beruhigt, wo sie im Namen Jesu beunruhigen müßte, sie steht fast immer auf seiten der Mehrheit statt wie Jesus auf seiten der Minderheiten, sie sucht ewig faule Kompromisse, wo sie eindeutig Ja oder Nein sagen müßte. Eugen Drewermann über die sanft- und kraftlosen Anpassungs- und Service-Kirchen von heute:

„Es gibt nicht gleichzeitig die Rückgratverkrümmung *und* die Geradheit des Herzens. Es gibt nicht gleichzeitig die allseitige Wendigkeit des Herzens und Windigkeit des Denkens und Verhaltens und das Geradeaus einer festen Haltung und Entscheidung. *Sie* aber will Jesus."

Jesus vereinte weibliche und männliche Seinsweisen. Nur-weiblich wäre weibisch. Nur-männlich wäre herrisch. Jesus ist weder das eine noch das andere. Das aufregend Neue an ihm ist die Integration von weiblich und männlich. Das macht den „wahren Menschen" aus. Wer sich als Mann seiner Weiblichkeit – seiner verdrängten Seelenanteile – bewußt wird, vollzieht in seinem Leben eine Wandlung. Kennzeichen einer typisch weiblichen Lebensweise: gewaltlos, sanft, pflegend, haushaltend, organisch, ehrfürchtig, qualitätsorientiert. Alle treffen auf Jesus zu. Jesus war männlich genug, dieses Weibliche in sich zu entwickeln.

Kennzeichen einer typisch männlichen Lebensweise: gewalttätig, brutal, ausbeutend, verschwenderisch, mechanisch, ehrgeizig, auf Quantität aus. Diese Kennzeichen treffen alle nicht auf Jesus zu.

Um Mißverständnissen vorzubeugen: Diese Typisierung ist natürlich keine soziologische Einteilung in *die* Männer und *die* Frauen, sondern eine psychologische Typisierung für *das* Männliche und *das* Weibliche in Männern *und* Frauen. Nur deshalb können die weiblichen Kriterien auf den Mann Jesus übertragen werden. Dieser Jesus ist den meisten Menschen unbekannt. Bei einer Neuentdeckung fragen Männer oft und zu Recht: Was bringt mir das? Lohnt es, sich von Jesus zu einer eigenen neuen Lebensweise inspirieren zu lassen?

Männer meinen, sie seien frei und bräuchten gar keine Inspiration zur Befreiung. Frauenbefreiung? Wenn es unbedingt sein muß! Männerbefreiung? Nicht nötig!

Eine geschwisterliche Kirche wird es aber ohne Männerbefreiung nicht geben können – so wenig wie es eine partnerschaftliche Ehe ohne Emanzipation des Mannes geben kann. Wenn es Gottes Geist ist, der das Weibliche in Gott repräsentiert, dann ist die Männerkirche so verknöchert, institutionalisiert und leblos, weil ihr das Weibliche, der Geist, fehlt. Wie in vielen Männern in der Kirche, so sieht es auch oft in Männern außerhalb der Kirchen aus. Sie werden für emanzipierte Frauen langweilig, weil sie in Gefahr sind, geist- und leblos zu werden.

Wie geist- und leblos Männer sein können, haben sie mehrere Jahrtausende dadurch bewiesen, daß sie ihre Vaterrolle kaum annahmen. Vater- und Muttersein ist eine der größten Aufgaben, die ein Mensch auf diesem Planeten übernehmen kann. Auch heute verstehen die meisten Männer ihr Vaterwerden und ihr Vatersein nicht als wichtigen Beruf. Hände, welche die Wiegen bewegen, bewegen die Welt, wird gesagt. Dies ist richtig. Aber es ist einfach albern zu meinen, Vaterhände könnten keine Wiege bewegen.

Die alten Väter sterben aus. Einige junge Väter sind schon neue Väter, und viele neue Söhne orientieren sich an weiblichen Werten, sind interessiert an ihrer Anima-Entwicklung.

Neue Väter fühlen zusammen mit der Partnerin und sagen es auch: „Wir sind schwanger. Unser Kind erwarten wir zu zweit!" Immer mehr Kinder gebären neue Väter.

Auch die neue Eva ist im Werden. Klug der Adam, der es zeitig fühlt. Nur ein gewandelter Adam wird einer gewandelten Eva gerecht. Adam, sei offen! Sei achtsam und sensitiv! Eine Frau sagte es einmal so: „Ich wünsche mir einen Begleiter, einen Inspirator, einen Mann, der in sich unabhängig, sich wesenstreu ist, damit eine fruchtbare Spannung entstehen kann."

Die Orientierung des Mannes an Jesus, dem neuen Mann, wäre *die* entscheidende Revolution der Weltgeschichte. Nichts ist so gesellschaftsverändernd wie ein sich veränderndes Bewußtsein. Es wirkt nicht von heute auf morgen. Aber es wirkt langfristig und subversiv.

Aus: Franz Alt, Jesus – der erste neue Mann

20 Frauen in der Theologie des Paulus

Die Umwelt des Paulus

Waren für Jesus die gesetzlichen Pharisäer die Hauptgegner, so steht Paulus in einem Zweifrontenkrieg. Einerseits hat auch er mit Vertretern der Gesetzesfrömmigkeit zu kämpfen, andererseits aber muß er gegen den Libertinismus seiner hellenistischen Umwelt streiten, der auch seine Gemeinden bedroht – wie vor allem im 1. Korintherbrief deutlich wird, in dem der Begriff „Unzucht" eine nicht geringe Rolle spielt.

In Griechenland war die Stellung zu außerehelichen Beziehungen unterschiedlich. Dem homerischen Zeitalter sind käufliche Dirnen und Freudenhäuser zwar unbekannt, aber durch Wohlstand und Handel kommt das Dirnenwesen auf. Solon sucht die Ehe zu schützen und verbietet, Töchter oder Schwestern der Prostitution auszuliefern. Eine ständige Quelle der Prostitution bildet in der Antike die Sklaverei. Die Hauptursache liegt jedoch in der griechischen Lebensauffassung, nach der die Betätigung der Sexualität ebenso nötig sei wie Essen und Trinken. So ist auch dem verheirateten Mann beliebiger sexueller Umgang erlaubt, soweit er nicht eine bürgerliche Ehe verletzt. Für verheiratete Frauen ist jedoch jeder außereheliche Verkehr verboten. Die Prostitution wird durch die Unbildung der griechischen Frau gefördert: Der Mann sucht seinen Ausgleich bei der Hetäre. Aristoteles sucht das Übel an der Wurzel zu bekämpfen, indem er eine höhere Bildung der griechischen Frauen fordert.

Diese herrschende griechische Anschauung wird von der Stoa scharf bekämpft. Dabei verwirft die Stoa nicht die Sexualität an sich, sondern sie will den Menschen in die Freiheit führen. Sie verurteilt jeden Ehebruch und außerehelichen Geschlechtsverkehr Verheirateter. Muson verwirft auch den Verkehr eines Herrn mit einer Sklavin oder Hetäre. Okellos hält die Enthaltsamkeit für das Beste. Wer dazu nicht in der Lage ist, soll den Geschlechtsverkehr bis zum 20. Lebensjahr meiden und später beschränken.

1 KORINTHER 11, 3–12

„Ich will aber, daß ihr wißt, daß das Haupt jedes Mannes Christus ist, das Haupt der Frau aber der Mann, das Haupt Christi aber Gott. Jeder Mann, der betet oder prophetisch redet und dabei etwas auf dem Haupt hat, entehrt sein Haupt. Jede Frau dagegen, die betet oder prophetisch redet mit unverhülltem Haupt, entehrt ihr Haupt. Denn sie ist dadurch wie eine Geschorene. Denn wenn eine Frau sich nicht verhüllt, so lasse sie sich auch das Haar abschneiden. Wenn es aber für die Frau schimpflich ist, sich das Haar abzuschneiden oder sich kahl scheren zu lassen, so verhülle sie sich! Denn ein Mann soll das Haupt nicht verhüllen, da er Abbild und Abglanz (eikon und doxa theou) Gottes ist. Die Frau aber ist Abglanz (doxa) des Mannes. Der Mann stammt ja nicht von der Frau, sondern die Frau vom Mann. Denn der Mann wurde nicht um der Frau willen erschaffen, sondern die Frau um des Mannes willen. Deshalb soll die Frau eine Macht auf dem Haupte haben um der Engel willen. Doch ist im Herrn weder die Frau ohne den Mann noch der Mann ohne die Frau. Denn wie die Frau vom Manne stammt, so ist auch der Mann durch die Frau, alles aber kommt von Gott ..."

Dieser Abschnitt gibt dem Ausleger viele Einzelprobleme auf, auf die hier nicht eingegangen werden kann. Auffällig sind jedoch die Verse 8–9: „Der Mann stammt ja nicht von der Frau ..." Wir hatten gesehen, daß der Jahwist, auf den Paulus hier anspielt, jedenfalls der Meinung ist: Der Mann war ohne die Frau nicht existenzfähig und in keiner Weise stolz auf seine Ersterschaffung. *Paulus interpretiert hier also den Jahwisten gegen dessen Absicht patriarchalisch.*

Einen anderen Geist verraten die Verse 11–12: „Doch ist im Herrn weder die Frau ohne den Mann noch der Mann ohne die Frau ..."

Diese Worte beschreiben eine Ehe gleichrangiger Partner. Die Aussagen dieses Abschnittes sind also nicht ausgeglichen.

1 KORINTHER 14, 33b–36

„Wie in allen Gemeinden der Heiligen sollen die Frauen in den Gemeindeversammlungen schweigen. Denn es wird ihnen nicht gestattet, zu reden (lalein), sondern sie sollen sich unterordnen, wie es auch das Gesetz sagt. Wollen sie aber etwas lernen, so sollen sie zu Hause die eigenen Männer fragen. Denn es ist für eine Frau schimpflich, in einer Gemeindeversammlung zu reden. Oder ist von euch das Wort Gottes ausgegangen? Oder ist es zu euch allen gelangt?"

Im vorigen Abschnitt war vorausgesetzt, daß Frauen im Gottesdienst beten und prophetisch reden, hier ist ihnen jedes

Reden verboten. Es gibt viele Thesen, um diesen Widerspruch zu lösen. Keine befriedigt restlos. Die geringste Schwierigkeit dürfte noch die Annahme bieten, das Wort „Sprechen" (lalein) bedeute hier – im Gegensatz zum Beten und prophetischen Reden von 1 Kor 11 – ein Dazwischenreden.

Dann würde Paulus der Frau nicht grundsätzlich das Auftreten im Gottesdienst verbieten, wohl aber sie dort in ihre Schranken weisen, wo sie Ordnung und Aufbau der Gemeinde verletzt.

Die genannten Schwierigkeiten sollten aber auf jeden Fall davor warnen, 1. Kor 14 als einzige, sozusagen autorisierte Meinung des Paulus über das Verhalten der Frau im Gottesdienst aufzufassen und den Satz „Das Weib schweige in der Gemeinde!" als die grundlegende biblische Meinung zu verabsolutieren.

Roland Goeden

Galater 3.26 ff.

„Denn ihr seid alle Söhne Gottes durch den Glauben an Christus Jesus: denn ihr alle, die ihr in Christus getauft wurdet, habt Christus angezogen: Da ist nicht mehr Jude noch Grieche, nicht mehr Sklave noch Freier, nicht mehr männlich oder weiblich: Denn ihr seid eine Einheit in Christus Jesus."

Bei Persern und Juden gibt es Gebete, in denen ein Mann Gott dafür dankt, daß er ihn nicht als Ungläubigen, als Frau oder als Sklaven erschaffen hat.

Nun aber gilt: An den Getauften sind die aus dem alten Äon stammenden Rangunterschiede verborgen, aber real aufgehoben. Mann und Frau bleiben Mann und Frau. Sklave bleibt Sklave und Grieche bleibt Grieche. Aber im Glauben können sich diese Unterschiede nicht mehr in Rangordnungen, in Verachtung oder Überheblichkeit auswirken. *Jeder christlichen Androzentrik und jedem christlichen Patriarchalismus ist damit der Boden entzogen.*

Gegen jenen Idealismus sichert aber die Formel „durch den Glauben" die Unverfügbarkeit der Aussage ab. Die Gleichheit ist nicht durch ein wie auch immer geartetes soziales Programm von Menschen heraufzubeschwören.

Unverfügbarkeit bedeutet aber nicht, daß der Glaube nicht Gestalt gewinnen sollte. Darum bleibt Luthers Auslegung hier unbefriedigend, wenn er mit Bezug auf Augustin sagt: „jener Unterschied des Geschlechtes ist durch die Einheit des Glaubens im Geiste aufgehoben. Sie bleibt aber wegen des in diesem Leben nun einmal sterblichen Leibes bestehen, weil darüber nicht nur die Apostel, sondern auch Christus selbst die allerheilsamsten Lehren überliefert haben. Christus nämlich befiehlt, dem Kaiser zu geben, was des Kaisers ist, und die Apostel (befehlen) den Sklaven, ihren Herren zu gehorchen, der Frau, ihrem Manne untertan zu sein etc."

Weitere Entwicklung

Kolosser 3.18 f.

„Ihr Frauen, seid euren Männern untertan, wie es sich im Herren so gehört! Ihr Männer, liebet eure Frauen und seid nicht bitter gegen sie!" Ohne den Zusatz „im Herren" besagt v. 18: Die Frau soll dem Mann untertan sein, wie es sich nun einmal gehört. Diese Auffassung findet sich auch in der Umwelt des Paulus. So schreibt Plutarch: „Wenn sie sich ihren Männern unterordnen, verdienen sie Lob. Wenn sie aber herrschen wollen, handeln sie schimpflich." v 19 enthält überhaupt keinen christlichen Zusatz. Es gibt für ihn aber keine außerbiblische Parallele. Selbst Plutarch, der die Ehe weitgehend als Partnerschaft versteht, sieht die Aufgabe des

Mannes im Herrschen. So ist zu vermuten, daß v 19 eigenständig gebildet wurde: *Die Aufgabe des Mannes besteht nicht im Herrschen, sondern in der Liebe. Damit kommt ein neuer, genuin neutestamentlicher Ton zum Klingen,* allerdings nur an die Adresse der Männer, nicht an die der Frauen. Denn diese sollen ihre Unterordnung unter den Mann gerade von Christus her bejahen, anstatt sie – entsprechend Gal 3.28 – in Christus als überwunden anzusehen. Die Unterordnung der Frau wird hier christlich legitimiert. Damit entfernt sich Kol 3 wieder von Gal 3.28 – einem Höhepunkt paulinischer Theologie – und stellt den Ausgangspunkt einer Entwicklung dar, die in den Pastoralbriefen zu einer weiteren Abwertung der Frau führt und sich bei den Kirchenvätern weiter verstärkt.

Kol 3.18f mißt mit zweierlei Maß: Die Männer vom Neuen, die Frauen vom Alten her.

Epheser 5.23 ff.

„Ihr Frauen, seid euren Männern untertan wie dem Herren, denn der Mann ist das Haupt der Frau, wie Christus das Haupt der Gemeinde, er, der Retter dieses seines Leibes. Doch wie die Gemeinde Christus untertan ist, so sollen es auch die Frauen allezeit mit ihren Männern halten. Ihr Männer, liebet eure Frauen, wie Christus die Gemeinde geliebt und sich für sie dahingegeben hat, daß er sie heilige durch die Reinigung im Wasserbad mit dem Wort, daß er sich die Gemeinde herrlich bereite, ohne Flecken, Runzeln oder dergleichen, vielmehr daß sie heilig sei und makellos. So sollen auch die Männer ihre Frauen lieben wie ihre eigenen Leiber. Wer seine Frau liebhat, der liebt sich selbst. Denn niemand pflegt sein eigenes Fleisch zu hassen, sondern hegt und pflegt es: so macht es auch Christus mit der Gemeinde, weil wir seines Leibes Glieder sind. Darum wird ein Mensch Vater und Mutter verlassen und seiner Frau anhangen, und die zwei werden ein Fleisch sein. Groß ist dies Geheimnis: Ich deute es auf Christus und die Gemeinde. Jedenfalls sollt auch ihr, jeder einzelne, seine Frau so lieben wie sich selbst, die Frau aber soll ihren Mann fürchten."

Hatte in Kol 3.18 der Zusatz „im Herrn" die Vorlage christlich legitimiert, so bedeutet das „als dem Herrn" gegenüber noch eine Verschärfung: Die Frauen stehen zu den Männern im gleichen Verhältnis wie die Gemeinde zu Christus. Woher die Vorstellung vom Mann als Haupt der Frau stammt, ist bisher noch nicht ermittelt. *Warum das Verhältnis zwischen Mann und Frau dem Verhältnis zwischen Christus und der Gemeinde entspricht, wird im Epheserbrief nicht begründet, sondern vorausgesetzt. Aus der Bezeichnung Christi als „Haupt der Gemeinde" ließe sich auch – analog Gal 3.28 – folgern: Christus steht seinem Leib als Haupt, d. h. liebend aber auch als der Herr gegenüber. Das Verhältnis der Glieder seines Leibes – also auch das von Mann und Frau – zueinander kann deshalb nur das der Liebe sein.* Diese naheliegende Folgerung zeigt der Epheserbrief jedoch nicht. Er ist an der Unterordnung der Frau interessiert und versucht, diese christologisch zu untermauern – allerdings wenig überzeugend.

Schon zu Kol 3.19 war gesagt worden, daß die Aufforderung an die Männer, ihre Frauen zu lieben, eine Neuschöpfung des Neuen Testaments darstellt.

Über Kol 3 hinaus wird nun aber diese Liebe des Mannes zur Frau in der Liebe Christi zur Gemeinde begründet. *Die Tat Christi als Begründung der ehelichen Liebe – das ist nun ein völlig neuer Ton! Hier wird noch mehr gesagt als beim Jahwisten!* Ernst Wolf weist mit Recht darauf hin, daß jenes eindringliche Beherrschtwerden der Frau durch den Mann, von dem der

Jahwist 1 Mose 3.16 als Folge des Sündenfalles spricht, hier ausgestrichen ist.
Dem Verfasser des Epheserbriefes ist es gelungen, das Christusgeschehen für den Bereich der Ehe neu zu verkündigen. Allerdings ist es ihm nicht gelungen, seinen Ansatz konsequent durchzuhalten. Wie Kol 3.18 f mißt er mit zweierlei Maß. Die Männer vom Neuen, die Frauen vom Alten her.

Die Pastoralbriefe

I TIMOTHEUS 2.8–15
v 8: *„So will ich nun, daß die Männer an jedem Ort beten, indem sie heilige Hände aufheben ohne Zorn und Zweifel,*
v 9: *ebenso daß die Frauen mit ehrbarer Kleidung sich schmücken in Schamhaftigkeit und Sittsamkeit, nicht mit Haarflechten und Gold oder Perlen oder kostbarem Gewand,*
v 10: *sondern (mit dem), was sich für Frauen geziemt, die sich durch gute Werke zur Gottesfurcht bekennen.*
v 11: *Eine Frau lerne still in aller Unterordnung:*
v 12: *zu lehren aber gestatte ich einer Frau nicht, auch nicht, sich über den Mann zu erheben, sondern (ich gebiete ihr), sich still zu verhalten.*
v 13: *Denn Adam wurde zuerst geschaffen, darnach Eva.*
v 14: *Und Adam wurde nicht verführt, das Weib vielmehr wurde verführt und ist in Übertretung geraten.*
v 15: *Sie wird aber gerettet werden durch das Kindergebären, wenn sie in Glauben und Liebe mit Sittsamkeit verbleiben."*
Nach jüdischer Auffassung soll sich die Frau für ihren Mann schmücken, während die Stoa Kritik am äußeren Putz der Frauen kennt und die Tugenden als den wahren Schmuck betont.
Wir haben es also wieder mit einer Mahnung zu tun, die sich wohl in einer dem Verfasser bekannten Pflichtentafel vorfand, wobei das jüdische Erbe hier offenbar zugunsten des stoischen in den Hintergrund tritt. Als wahrer Schmuck werden die guten Werke bezeichnet, was wiederum auf jüdische Tradition schließen läßt.
Für die Zeit der Pastoralbriefe ist kennzeichnend, daß Tugenden und Werke, nicht aber etwa der Glaube im paulinischen Sinne als der wahre Schmuck der Christin erscheint.
Schweigegebot und Lehrverbot erinnern an jüdische Vorschriften. Die Synagoge hat den Frauen das öffentliche Sprechen in gottesdienstlichen Versammlungen nicht prinzipiell, aber doch tatsächlich verboten. v 11 f fassen das Schweigegebot der Frau im Gottesdienst absolut – anders als Paulus, der den Frauen in 1 Kor 11.4 grundsätzlich das Beten und prophetische Reden zugesteht, Phil 4.2 zwei Frauen als „Mitstreiterinnen des Evangeliums" benennt und 1 Kor 14.34 f offenbar nur das Dazwischenreden der Frauen unterbinden will (s. o.). Darf man 1 Kor 14.34 f nicht als die Meinung des Paulus verabsolutieren, so erscheint in 1 Tim 2.1 die Unterordnung der Frau erheblich stärker zementiert.
Das wird besonders an dem Schriftbeweis v 13 f. deutlich: v 13 interpretiert 1 Mose 2.18 ff. gegen den Sinn des Jahwisten patriarchalisch. Aber auch 1 Mose 3 wird in v 14 gegen die Absicht des Jahwisten ausgelegt, nach dessen Meinung Adam genau so schuldig ist wie Eva, was schon daraus hervorgeht, daß Adam von Gott zur Rechenschaft gezogen wird, dann aber sehr unritterlich die Schuld auf seine Frau bzw. auf Gott selber abwälzen will. (...)
Wie dem auch sei, auf jeden Fall *wird 1 Mose 2–3 an unserer Stelle gegen den Sinn des Jahwisten im Sinne einer Abwertung der Frau benutzt.*
v 15 a „Sie wird aber gerettet durch Kindergebären" widerspricht der Theologie

des Paulus von der Rechtfertigung allein aus Glauben, aber auch der Aussage von Epheser 2.5.
Der Sinn der Ehe wird hier einseitig in der Fortpflanzung gesehen – wovon z. B. Paulus 1 Kor 7 nichts erwähnt und worüber das Alte Testament sehr viel differenzierter spricht.
Andererseits muß zugunsten von 1 Tim 2.15 gesagt werden, daß dieser Vers mit den in 4. 1–5 vertretenen antiasketischen Gedanken zusammenhängen dürfte. Auch wird das „Gerettetwerden durch Kindergebären" durch v 15 b erheblich eingeschränkt. Das Subjekt von „wenn sie bleiben" erscheint fraglich. Bezieht es sich auf die Kinder, so erinnert der Satz an Sirach 16.1–4: „Freue dich nicht, daß du viele ungeratene Kinder hast, und poche nicht darauf, daß du viele Kinder hast, wenn sie Gott nicht fürchten ... Und ist besser, ohne Kinder zu sterben, als gottlose Kinder zu haben."

Fazit

PAULUS – dessen Aussagen sich als differenzierter erweisen als sie einer flüchtigen Kritik erscheinen – begründet Gal 3.28 die Gleichrangigkeit der Frau christologisch als Gleichbegnadung. Diese bleibt aber Glaubensaussage und wird niemals durch ein soziales Programm verfügbar.

DER EPHESERBRIEF verstärkt zwar eindeutig die Unterordnung der Frau, eröffnet aber in seiner christologischen Begründung der Liebe des Mannes zu seiner Frau eine völlig neue Dimension für das Verständnis der Ehe, die sogar die hohe Eheauffassung der Salomonischen Aufklärung übertrifft.
Im Ganzen ist aber – besonders im Vergleich mit dem Alten Testament – festzustellen, daß es den Theologen des Neuen Testamentes nicht gelingt, eindeutig einen spezifisch-christlichen Weg für das Gebiet der Sexualität zu weisen. Die heidnische Askese – ein willkommener Verbündeter im Kampf gegen sittliche Laxheit – wird später einen immer stärker werdenden unheilvollen Einfluß ausüben und die Freiheit christlichen Handelns ersticken. Das Neue Testament hat in einigen Teilen diesen Gedanken einen Spalt geöffnet – die Kirchenväter werden den Fuß zwischen die Tür setzen.
Wo *Christen heute* die Partnerschaft zwischen Mann und Frau bejahen und sich gegen patriarchalische Vorstellungen wenden, laufen sie nicht dem Zeitgeist nach. Vielmehr verweisen sie gegenüber einer pseudochristlichen Tradition auf den ursprünglichen Willen Gottes.
Roland Goeden

Aus: Religion heute, 1/1990 und 2/1990

21   E. Gerstenberger / W. Schrage, Eins in Christus

„Hier ist nicht Mann und Frau"
Vor allem die paulinischen Briefe sind ein eindrückliches Zeugnis, daß Frau und Mann gleicherweise „neues Geschöpf in Christus" (2 Kor 5, 17) sind und diese umfassende Neuwerdung auch die Gleichwertigkeit von Frau und Mann, ja ihre Gleichheit „in Christus" impliziert. Wo „alles" neu wird, bleibt nichts beim alten: „Da ist nicht mehr Jude noch Grieche, nicht mehr Sklave noch Freier, nicht mehr Mann und Frau, denn ihr alle seid einer, in Christus Jesus" (Gal 3, 28).
Das ist für Paulus die Konsequenz der Taufe, die alle ohne Unterschied in Christus und seinen Leib, d. h. die weltweite

Kirche als Anbruch der neuen Welt, eingliedert (V. 27). Da dieser Christusleib aber viele Glieder mit unterschiedlichen Funktionen hat (1 Kor 12, 12 ff.), kann „alle sind einer" kaum Monotonie und Nivellierung aller Differenzierungen meinen. Geschlechtsspezifische Unterschiede werden entsprechend nicht zugunsten einer abstrakten Gleichheitsideologie geleugnet.

Die gewählten Beispiele in Gal 3, 28 liegen ja auch keineswegs alle auf einer und derselben Ebene. Als Jude und Grieche wird man zwar geboren, doch ist über die nationale Charakterisierung hinaus auch eine heilsgeschichtliche Dimension gemeint (vgl. Gal 6, 15). Sklave und Freier ist man aufgrund einer bestimmten Gesellschaftsordnung. Das hier interessierende 3. Beispiel aber verweist auf Gottes Schöpfung. Die deutliche Anspielung auf den Schöpfungsbericht – eigentlich müßte man übersetzen „Männliches und Weibliches" (vgl. Gen 1, 27) – macht unzweifelhaft deutlich, daß man als Frau oder Mann „erschaffen" wird.

Gleichwohl werden alle diese verschiedenartigen, also auch schöpfungsmäßigen Differenzen „in Christus" überholt, man könnte ebenso gut sagen: im doppelten Sinne des Wortes aufgehoben. Als Bedingung des Heils, als religiöse Wertung und als Barriere zwischen Mensch und Mensch sind sie ohne Bedeutung, als Ort der Begnadung und Verpflichtung aber ernstgenommen. So wenig also gestaltlose Uniformierung intendiert ist, so wenig darf man die Aussage von Gal 3, 28, daß die üblichen Kategorien und Wertungen ihre Gültigkeit in Christus verloren haben, allein auf die religiöse oder geistige Ebene beziehen und zu dem oft zu hörenden Satz abschwächen, Frau und Mann seien „vor Gott" gleich, sonst aber ändere sich nichts und Gal 3, 28 habe keinerlei andere als soteriologische Bedeutung. Daß die üblichen Klassifizierungen vor Gott nichts gelten, ist zwar richtig, aber das hat eben auch Auswirkung „in Christus", und d. h. in der Gemeinde (vgl. Eph 5, 30). In ihr bedeutet Andersartigkeit z. B. nicht mehr Diskriminierung und Inferiorität. In ihr sind nicht allein die religiösen Benachteiligungen beseitigt, was sich z. B. im gemeinsamen Gottesdienst manifestiert, sondern auch die sozialen, gesellschaftlichen und geschlechtlichen Antagonismen, Fixierungen und Rollenzwänge aufgebrochen.

Das ist nicht nur Idee oder Programm geblieben, wie sich schon daran zeigt, daß die Mitarbeit der Frau in den christlichen Gemeinden ganz selbstverständlich und von besonderer Wichtigkeit war. Wie anfechtbar und anstößig aber außerhalb der Gemeinde die Aussage von Gal 3, 28 erscheinen konnte, illustriert der in I.4.a zitierte Lobspruch des jüdischen Mannes. Wo jedoch damit ernst gemacht wird, daß Frau und Mann in gleicher Weise von Gott begnadigt werden und die zugesprochene Gnade sich in verschiedenen Gnadengaben manifestiert, und wo davon ausgegangen wird, daß alle im Heils- und Herrschaftsbereich Christi leben und von daher ihre Maßstäbe beziehen, können die gängigen Distinktionen und Privilegien keine dominierende Rolle mehr spielen. Da wird Mann- und Frausein vielmehr zur Chance, die neue Geschöpflichkeit zu bewähren. Nicht die gnostische Abwertung der Geschlechtlichkeit oder der Mythos eines androgynen Protoplasten steht für Paulus hinter Gal 3, 28, aber natürlich auch nicht das stoische Ideal eines einheitlichen Weltbürgers mit seiner inneren Unabhängigkeit, sondern das Wissen um den in Christus geschehenen Anbruch der neuen Welt Gottes, die in der Gemeinde schon begonnen hat und auch die gegenseitige Einschätzung und Umgangsweise umgestaltet. Paulus bezieht die „neue Schöpfung" nicht primär auf das Individuum, sondern auf die Gemeinde, und sieht in Gal 3, 28 „ein Stück vorweggenommener Eschatologie unter den Bedingungen dieser Welt".

Aus: E. Gerstenberger/W. Schrage, Frau und Mann

22 E. Gerstenberger/W. Schrage, Perspektiven

Das NT ist auch beim Thema Frau und Mann besser als sein Ruf, den ihm eine wenig adäquate Auslegungs- und Wirkungsgeschichte eingetragen hat. Daß ihm jedes Emanzipationspathos fehlt und ihm kein Beitrag zur allgemeinen Enttabuisierung zu entnehmen ist, heißt noch lange nicht, daß man es – wie oft geschehen – auf Patriarchalismus und Tabuisierung der Geschlechtlichkeit festlegen dürfte.

Das erste, was man zu konstatieren hat, ist eine wohltuende Nüchternheit. Es fehlt das Überspannte und Illusionäre, das Verkniffene und Aufgeregte, das Exzessive und Aggressive, das sich oft an dieses Thema knüpft und immer wieder zu realitätsblinden Losungen und Experimenten geführt hat.

Das Verhältnis von Frau und Mann wird nur in einer relativ geringen Zahl neutestamentlicher Texte ausdrücklich thematisiert und scheint – das läßt sich trotz aller Lückenhaftigkeit unserer Quellen sagen – kein vordringliches Thema des Urchristentums gewesen zu sein. Das heißt aber: man hat hier keine besonderen Probleme gehabt. Aber nicht, weil in konservativer Manier das androzentrische Denken und Handeln ganz selbstverständlich akzeptiert und die Herrschaft des Mannes neu untermauert oder überhöht worden wäre, sondern weil sich aus dem Zentrum der neutestamentlichen Botschaft ganz natürlich auch bestimmte Konsequenzen ergaben, die dieses Verhältnis veränderten.

Zu einer Verselbständigung und Isolation dieses Themas aber ist es mit Recht nicht gekommen. Das Verhältnis von Frau und Mann ist nicht vordringlicher als das Verhältnis von Juden und Griechen oder Sklaven und Freien. Ehebruch und Ehescheidung z. B. sind kein größeres Unrecht und kein gravierenderes Problem als Zorn und Feindeshaß (vgl. Mt 5). Die Urchristenheit hat im allgemeinen noch nicht den Fehler späterer Jahrhunderte begangen, über dem Eintreten für die Unauflöslichkeit der Ehe etwa das Engagement für Gerechtigkeit und Frieden zurücktreten zu lassen. Selbst in bestimmten Schriften, in denen ethische Probleme im Vordergrund stehen, wie dem Jakobusbrief, wird das hier zur Debatte stehende Thema überhaupt nicht angesprochen, sehr wohl aber die Frage der sozialen Ausbeutung oder der Ursachen von Streit und Krieg. Wer über das rechte Verhältnis der Geschlechter eine von allen Verfremdungen und Schmerzen geheilte Welt erhofft, wird also vom NT enttäuscht, ja er kann mit dieser Hoffnung nach dem NT nur Schiffbruch erleiden. Daß sexuelle „Befreiung" nicht automatisch zum Kampf gegen soziale Unterdrückung antreibt, ist längst auch von modernen Autoren bemerkt worden. Aber auch wer meint, mindestens die Familie sei so etwas wie ein absoluter und unantastbarer Wert, von dem aus alles andere ins Lot zu bringen wäre, irrt. Auch die Familie ist im NT weder *das* Leitbild noch *das* Feindbild.

Das besagt nicht, daß eine allgemeine Institutionsfeindlichkeit zu verzeichnen wäre und allein ein abstrakter Personalismus oder eine in personalen Relationen denkende Anthropologie das Feld beherrschte. Daß es den Menschen nicht als isoliertes Einzelwesen gibt, sondern nur in Gemeinschaft mit anderen Frauen und Männern, ist für das NT ohnehin klar. Aber auch dieses Bezogensein auf den anderen entbehrt nicht der institutionellen Momente und Einbindung in bestimmte Sozialgebilde, wie schon die Gestalt der Ehe zeigt, aber auch die Gemeinde, die zwar keine festumrissenen Ämter und Organisationsstrukturen, aber gegliederte Dienste kennt.

Daß die Ehe primär als Zusammen- und Miteinandersein von zwei Personen verstanden wird, läßt sich gewiß nicht übersehen. Institutionen sind ebensowenig Selbstzweck wie Personalität und personale Dualität. Man wird auch einräumen müssen, daß das NT noch nicht genügend darüber reflektiert hat, wie die ganzheitliche Lebenserneuerung und die damit gegebene Liebesfähigkeit des Menschen auch das Institutionelle erfaßt, und wie umgekehrt das Böse und Diesseitige auch strukturell und institutionell so überhand nehmen kann, daß es die davon betroffenen Menschen erdrückt, Ehen z. B. fast unabwendbar zum Scheitern verdammt. Aber es wird von diesem Strukturellen und Institutionellen auch nicht abstrahiert und alles allein auf die interpersonalen Bezüge abgestellt.

Der institutionelle Rahmen wird nicht mutwillig zerbrochen, sondern durch die Liebe ausgefüllt, aber auch verwandelt. Eine Emigration in die Innerlichkeit oder in die Privatsphäre, in der die Betroffenen alles allein mit sich selbst abzumachen hätten, findet nicht statt, wohl aber eine Unterwanderung der Strukturen durch die Liebe.

Auch die neuere Sozialethik wendet sich darum mit Recht gegen spiritualistisch-protestantische Vorurteile, als ließe sich die Person gegen die Institution oder die Innerlichkeit gegen die äußerliche Ordnung ausspielen. Individuelle und institutionelle Bedingtheit sind zwar nicht leicht auszubalancieren, entscheidend aber ist, daß auch die „Ordnungen", in denen Christen leben, nicht einfach die alten bleiben. Die notwendigen Ordnungen sind darum tatsächlich „nicht nur Dämme gegen das Böse, sondern zugleich Chancen für das kommende Reich Gottes und Formen seines schon hier beginnenden neuen Lebens". Das NT entwirft gewiß keine Pläne und Strategien einer umfassenden Veränderung von Kultur und Gesellschaft zugunsten einer Verbesserung der Geschlechterbeziehungen, es bahnt aber solcher Verbesserung den Weg.

Bestimmte Linien sind dabei heute stärker auszuziehen. So wird sich z. B. die Sprache der Kirche konsequenter als im NT von der Hypertrophie des Männlichen lösen und Ansätze aufzunehmen haben, wie sie etwa die Synonymität von „Söhne Gottes" und „Kinder Gottes" (vgl. Röm 8, 14 mit 8, 17) oder auch die selbstverständliche Auffüllung des neutestamentlichen Zitats von 2 Sam 7, 14 in 2 Kor 6, 18 durch „die Töchter" nahelegt. Das Problem der „Vaterschaft" Gottes und der „Sohnschaft" Jesu Christi mit seinen Implikationen wäre gesondert zu erörtern. Immerhin bleibt zu bedenken, daß dann, wenn Christus Abbild und Repräsentant Gottes ist (2 Kor 4, 4; Kol 1, 15) und in Christus Mann und Frau eins (Gal 3, 28) bzw. nicht ohne einander sind (1 Kor 11, 11), sich daraus auch Konsequenzen für das Gottesbild ergeben, von den „femininen" Zügen im Gottesbild Jesu einmal ganz abgesehen.

Daß im Vergleich zu unserer Situation manche Defizite und Fehlanzeigen zu vermelden sind, was die Rolle der Frau außerhalb von Gemeinde und Ehe im öffentlichen, gesellschaftlichen und politischen Leben betrifft, kann angesichts der damaligen Zustände und Lebensbedingungen nicht verwundern. Freilich kommt gerade der auffallend gewichtigen Stellung und Mitarbeit der Frau in den urchristlichen Gemeinden heute eine Pionier- und Schrittmacherfunktion für die Rolle der Frau auch in der Gesellschaft zu. Christlicher Glaube verträgt sich weder mit einer „Männer-Religion" noch mit einer „Männer-Gesellschaft", sondern befreit zu verantwortlicher Mündigkeit und Mitarbeit in *allen* Bereichen des Lebens. Diese Ausweitung ist heute konsequenter zu vollziehen als im NT, wo das nur ansatzweise geschieht. Die Gemeinde ist keine Insel der Seligen oder eine Enklave mit starren Grenzen, sondern steht in Wechselbeziehung mit der Gesellschaft. Trotz der konservativen Konventionslegitimation in 1 Kor 11, 3ff ist eine „scharfe Trennungslinie" zwischen dem „religiösen Durchbruch" und dem „Durchbruch in der Ebene sozialer Gerechtigkeit" m. E. nicht zu erkennen. Die traditionellen Demarkationslinien werden erst in der neutestamentlichen Spätzeit wieder aufgerichtet.

Eine Abschirmung von der Gemeinschaft oder eine Konzentration auf die Intimität der Zweisamkeit liegt selbst bei der Ehe nicht in der Linie des NT. Sie verbürgt denn auch weder Liebe noch Partnerschaft, sondern könnte auch einem Individualismus zu zweien Vorschub leisten, der keine Verheißung hat. Die Reduktion der Ehe auf die personale Beziehung ohne die früher übliche gemeinsame Arbeits- und Wohngemeinschaft der Generationen, ohne Nachbarschaftsbeziehungen und Gesellschaftsverpflichtungen usw. hat denn auch die Zerbrechlichkeit der Ehe eher vergrößert. Ehe wie Ehelosigkeit entbehren nicht der Dimension der Öffentlichkeit, der Gemeindebezogenheit und des Dienstes. Das Gelingen zwischenmenschlicher Kommunikation ist erst recht nicht allein an die Ehe gebunden, schon weil Liebe im Sinne des NT die Ehe transzendiert und Jesu Gebot der Feindesliebe eine Identifizierung des Nächsten mit dem Ehepartner gerade in Frage stellt.

Das Grundmodell fraulich-männlicher Beziehungen im NT ist überall das der Partnerschaft, ob in Ehe oder Gemeinde. Partnerschaft aber heißt eben kompetentes Zusammenwirken in wechselseitigem Respekt und ist etwas anderes als Fremdbestimmung und Bevormundung, Abhängigkeit und Einengung von Entfaltungsmöglichkeiten. Immer wieder wird darum die Gemeinsamkeit und Wechselbeziehung erkennbar, ob in der Ehe (auch das ist wohl ein Grund für die ausschließlich akzeptierte Heterosexualität) oder in der Gemeinde (vgl. „Mitarbeiter", „Mitkämpferinnen" u. ä.). Diese Partnerschaft und Gemeinschaft ist bei Christen durch einen „Dritten im Bunde", dem alle im Leben und Sterben zugehören (Röm 14, 8), bestimmt, jedoch so, daß „Gemeinschaft mit Christus" (Joh 13, 8; 1 Kor 1, 9) eo ipso in das Bezugsfeld der „Gemeinschaft untereinander" versetzt (1 Joh 1, 7; Apg 4, 32). Wenn aus Polarität auch in der Kirche oft genug wieder Polarisierung geworden ist, liegt das wohl primär daran, daß diese gemeinsame Bezugsgröße und dieser gemeinsame Kontext aus den Augen verloren wurden.

Primäre Sorge dieser partnerschaftlich gestalteten Gemeinschaft ist darum nicht, daß die sozusagen klassischen Rollen akzeptiert oder verändert werden, sondern daß sie als Ort der Versöhnung und Befreiung, des Dienstes und der Bewährung erscheinen. Selbstverwirklichung auf Kosten anderer ist weder in Ehelosigkeit noch Ehe, weder in Haus noch Gemeinde erlaubt, ja nicht einmal in „patriarchalischen" Texten ist so etwas wie ein egoistisches „Herr-im-Hause"-Verhalten zu entdecken.

Partnerschaft impliziert gewiß nicht öde Gleichmacherei und Uniformität, die die Verschiedenheit der Gaben und Aufgaben verwischt. Im Entscheidenden aber sind Frau und Mann tatsächlich gleich: sie sind gleichbegnadet und gleichverpflichtet. Aber Gnade wie Verpflichtung gibt es nicht undifferenziert und pauschal, sondern jeweils in konkreten spezifischen Zumessungen (vgl. 1 Kor 12), die als solche bewußt angenommen und gelebt werden. Benachteiligende und diskriminierende Rollenschemata oder verminderte Lebenschancen werden dadurch nicht legitimiert. Feste hierarchische Ordnungen gewinnen erst nach und nach wieder Einfluß und sind selbst da nicht als Erniedrigung und Unterdrückung der Frau gemeint. Zwar ist das Verhältnis von Frau und Mann nicht einfach *das* Urbild von Mitmenschlichkeit und Partnerschaft, denn Nächstenliebe und Hingabe sind unabhängig davon, ob der jeweils begegnende Nächste weiblichen oder männlichen Geschlechts ist, und Partnerschaft ist nicht auf die Ehe beschränkt.

Gleichwohl oder besser darum aber ist Partnerschaft das entscheidende Stichwort für die Geschlechterbeziehung, denn damit ist einmal angedeutet, daß alle geschöpfliche Existenz begrenzt und ergänzungsbedürftig, risiko- und chancenreich ist. Vor allem aber wird damit die durch Gottes befreiende Heilstat ermöglichte Solidarität und cooperatio der verschiedenen Glieder des Leibes Christi auf den Begriff gebracht. Partner sind Frau und Mann eben insofern, als sie in Freiheit, Offenheit und Gemeinschaft miteinander leben, sich in Liebe füreinander und für andere einsetzen und nebeneinander auf dem Weg bleiben, bis „das Vollkommene" (1 Kor 13,10) kommen wird, wenn Frau und Mann, die jetzt schon „Kinder Gottes" sind, sein werden, „was noch nicht erschienen" ist (1 Joh 3,2). Bis dahin aber ist „im Herrn weder die Frau ohne den Mann noch der Mann ohne die Frau" (1 Kor 11,11).

Aus: E. Gerstenberger/W. Schrage, Frau und Mann

Was ist feministische Theologie?

23 C. Halkes, Was ist feministische Theologie?

Theologie ist, wie das Wort sagt, Nachdenken über Gott. Selbst wenn jeder von uns eine andere Glaubens- oder Lebensanschauung hat, können wir uns vielleicht darauf einigen, daß, wenn wir Gott sagen, wir über die letzte, volle Wirklichkeit, die Fülle des Seins, den Grund unseres Daseins sprechen.

Die jüdisch-christliche Tradition, auf die wir uns hier beschränken, ist aus einer patriarchalischen Tradition und in einer jahrhundertealten patriarchalischen Kultur entstanden und durch sie geformt worden; eine Kultur, in der Erzväter, Richter, Könige und Propheten eine überragende Rolle spielen. In Stimmen, Traumbildern und wunderbaren Zeichen wie dem brennenden Dornbusch entwickelt sich für ein Nomadenvolk, das einmal Israel heißen sollte, ein Gottesbild, das Sicherheit, Geborgenheit und Befreiung bedeutet. Kennzeichnend für dieses Gottesbild ist, daß die Menschen es als eine Offenbarung erfahren haben, und zwar in diesem Sinne: Gott offenbart sich als: JHWH, Ich bin der Seiende, – der-mit-euch-zieht, als ein relationales Sein also; und als: Ich bin dein Gott, der dich aus der Sklaverei aus Ägypten herausgeführt hat – also ebenso sehr als ein *dynamisches* Sein.

Zwei Züge, die darauf hinweisen, daß es in dieser Offenbarung und in der Reflexion darauf, die wir Theologie nennen, *nicht* um einen Gott geht, der sich selbst genug ist, sondern um einen Gott *der Menschen*. Theologie bedeutet also ebenso sehr Nachdenken über den Menschen in seinem Verhältnis zu Gott. Und es geht um einen Gott, der Menschen aus der Unfreiheit, der Abgeschlossenheit in die Befreiung führt, aus der Enge in die Weite. Israels Geschichte ist immer wieder durch den Kampf von Menschen gekennzeichnet, die diesem Befreiungsauftrag nicht gehorchen, dann zur Einkehr kommen und nur von ihrem Gott Rettung erwarten. In psychologischen Termini können wir sagen: in der Schrift, vor allem der des Alten Bundes, erfährt ein werdendes, sich ansiedelndes und allzu oft angesiedeltes Volk seine Geschichte als Heilsgeschichte dank seiner Glaubenserfahrung in JHWH.

Von dieser Entwicklung in der Gottesoffenbarung mache ich einen Gedankensprung zu Jesus von Nazareth, der sich die Erfüllung des Gesetzes und der Propheten nennt. Er ist so von seinem Auftrag erfüllt, den Menschen Gott zu zeigen, so leer von sich selbst und so durchsichtig, um die Fülle des Seins durch sich hindurchgehen zu lassen, daß er Sohn Gottes genannt wird. Selbst erlebt er sein Verhältnis zu JHWH auf eine Weise, daß er diesen Abba, Vater, nennt: eine in dieser Kultur sehr innige und enge Beziehung. Diese Gottesoffenbarung endet mit einer Reflexion im Johannesevangelium, in dem steht: Gott ist Liebe. Das noch reine Mit-Sein des Alten Testaments, das von Jesus von Nazareth in Form einer Vater-Sohn-Beziehung näher gebracht wurde, wird schließlich konkretisiert in: Gott ist Liebe, die auch zu verwirklichen ist in Liebe zwischen Menschen.

So einfach ist eigentlich dieser Weg und auch heute noch eine mögliche Inspiration für uns, Frauen und Männer. Aber nun kommen die Schwierigkeiten: für das

Volk Israel gilt das Gebot, sich kein Bild von Gott zu machen. Aber die Menschen können es nicht lassen. Menschen machen Bilder – in diesen drei Worten liegt eine der Hauptursachen aller Schwierigkeiten, die sich in einer jahrhundertelangen religiösen Praxis aufgehäuft haben und zu einer kaum überwindbaren Barriere für die Frauen geworden sind. Denn mit „Menschen" sind in der Religionsgeschichte tatsächlich *Männer* gemeint. Männer haben über sich selbst und ihre Familie nachgedacht, sie haben diesen Gedanken in ihren geschichtlichen Erzählungen Wort und Bild verliehen, sie haben sich auch Bilder von Gott gemacht und ihre Religion in anthropomorphen Bildern, in Vergleichen und Analysen zum Ausdruck gebracht.

Sie haben Gott mit allen Attributen versehen, die sie selbst als die höchsten betrachten, haben ihre Männlichkeit in ihrem Gottesbild sublimiert und haben Gott ihre Männlichkeit und die Mann-Frau-Beziehung, wie diese war, bestätigen, normieren, legitimieren und sakralisieren lassen.

Die gesamte gesellschaftliche Hierarchie wurde denn auch auf die religiöse Hierarchie übertragen: der Mann als Erster – die Frau, ihm untertan und Mutter seiner Kinder, am liebsten seiner Söhne – das Kind – der Sklave – das Vieh. Dies alles war Besitz des Mannes. Gott wird daher auch überwiegend in männlichen Bildern dargestellt: der Starke, der Mächtige, der Herrscher, der König, der Richter, der Rächer usw.

Das Bild von der Beziehung zwischen Gott und seinem Volk entspricht der Beziehung zwischen Bräutigam und Braut, zwischen Mann und Frau. Ein menschliches Bild, – aber „die Frau" ist die Ungehorsame, die Untreue, ja sogar die Hure, die immer wieder abfällt und es mit anderen Göttern hält.

Noch ein Beispiel: auch Israel hat auf sein Dasein zurückgeblickt und seine Schöpfungsgeschichte geschrieben im Buch Genesis. Es gibt zwei Schöpfungsberichte. Der erste kann auch heute noch eine Quelle der Inspiration für *unser* Menschenbild und Selbstbildnis sein. Der zweite Schöpfungsbericht ist anschaulicher und für das männliche Selbstverständnis charakteristischer: die Geschichte von Adam und Eva. Eva wird aus der Rippe Adams geschaffen; *sie* entsteht, als alle Lebewesen bereits von Adam benannt worden sind, ihren Sinn und Platz schon erhalten haben. Sie kommt zu seiner Hilfe, ihm gleich. Und schließlich der Sündenfall, symbolisiert in Eva, die der Versuchung der Schlange verfällt und Adam zum Mitmachen verführt. So wird sie zum Menschen zweiten Ranges, labil, wie ihr Fall zeigt; nur durch ihren Mann wird sie im Zaum gehalten; bestimmt, unter Schmerzen zu gebären und von ihrem Mann beherrscht zu werden.

Wenn auch eine neue Exegese, eine Neubesinnung, zu einer überraschenden und ausgeglicheneren Interpretation führen kann, das Übel ist bereits geschehen, die Wirkungsgeschichte hat begonnen und ist von Paulus und den Kirchenvätern, den Theologen und Philosophen bis in dieses Jahrhundert weitergegeben worden.

Eines der Kennzeichen einer feministischen Theologie ist, daß sie ikonoklastisch sein will, bilderstürmend, und der Leere den Vorzug gibt, weil sie *Raum* für neue Erfahrungen und auch für neue Bilder schaffen kann.

Auf zwei Kennzeichen von Bildern und Symbolen möchte ich hier hinweisen:
a) die Kraft der Bilder ist, daß sie auf etwas hinweisen, die Wirklichkeit in einer überraschend neuen Perspektive zeigen, daß sie vielseitig interpretierbar sind, aber auch: daß sie entstehen, funktionieren und sterben können. Wer, koste es, was es

wolle, an Bildern festhält, obwohl sie nicht mehr die Wirklichkeit transzendieren, vergewaltigt ihre Funktion.
b) Bildsprache ist wesentlich anders als Begriffssprache.
Sie ist die Ursache, die Ursprungssprache des Menschen; es ist heute, Gott sei Dank, noch die Sprache der Dichter und Propheten und damit auch die Sprache vieler Bibelgeschichten und Gleichnisse, die geeignetste Sprache, Glaubenserfahrung und Glaubensdenken auszudrücken. Bildsprache kann auch heute wieder zur Glaubenssprache werden, wenn wir sie nicht in Begriffssprache übersetzen und veobjektivieren, mit anderen Worten – wenn wir dieses Sprachfeld respektieren. Konkret bedeutet dies u. a., daß Bilder und Symbole die Erfahrung erhellen, vertiefen und erforderlichenfalls beschreiben können; aber sie dürfen nicht verwendet werden, um Vorschriften und Normen aufzustellen. Dann sind sie nämlich in ihrer Wirkung einschränkend, eine Art Zwangsjacke, anstatt raumschaffend.
Wir alle wissen, daß dagegen sowohl in der Religion als auch in der Kultur viel gesündigt worden ist und daß vor allem die Frau das Opfer einer weitgehenden Einschränkung geworden ist, weil die Männer, die die Macht ausübten, die Bilder, die sie von den Frauen gemacht hatten, gegen sie verwendeten. Die Sexualmoral spricht hier Bände, aber auch die Ambivalenz in der Lehre über Maria (die Mariologie) als ein *Gegenüber* von Eva, die Lehre und Praxis der Liturgie, der Umgang mit dem Heiligen in Tempel und Kirche, die Zulassung zu Ämtern zeugen davon.

Damit komme ich zu einem der entscheidendsten Punkte der gesamten Problematik, nämlich zum Geheimnis der menschlichen Sexualität, der Bedeutung unseres Frau- und Mannseins.

Wir sollten nicht vergessen, daß die jüdisch-christliche Tradition ein Eingriff in die bestehenden Naturreligionen, Mutterreligionen und Fruchtbarkeitsriten und ein Protest dagegen ist. In diesem Rahmen kann ich jedoch nicht ausführlich darauf eingehen. Ich werde lediglich versuchen, einige Hauptlinien zu skizzieren. In einer früheren Periode unserer Kultur hat man sich wahrscheinlich mehr zur Natur zugehörig und von ihr abhängig gefühlt. Hier hat sich ein langer Entwicklungsprozeß vollzogen. Mutter Erde, Mutter Natur war die schützende, mächtige Gottheit, die Leben und Fruchtbarkeit spendete, zu der das Leben zurückkehrte, die auch unerwartet Leben gleichsam verschlang. Das mütterliche Prinzip ist das erste, ist sichtbar, ist von einer Macht, die noch Geheimnis war, wird deshalb verehrt und gefürchtet. In einem Zyklus von Geborenwerden, Heiraten, Sterben, Tod und Wiedergeburt setzen sich diese Prozesse fort. Es ist eine Erfahrung kosmischer Einheit, von allem mit allen, in einem zyklischen Rhythmus.
Im Gegensatz zu diesem Zyklus steht, religionsgeschichtlich gesprochen, die Vaterreligion: die ein-bricht, einen Weg öffnet, die aufruft, die das Kind, geboren aus dem Mutterschoß, aufnimmt und ihm den Weg weist. Dadurch wird die Autonomie des Menschen größer, die kosmische Einheit und die Geborgenheit werden jedoch durchbrochen.
In der *Gegenüberstellung* von Mensch und Natur entsteht die Technik. Aber damit ist noch kein neues Gleichgewicht entstanden. Lag in der einen Phase zu großer Nachdruck auf der Natur, der menschlichen Fruchtbarkeit, der Verbindung Gottheit/Mensch in dem „hieros gamos", der heiligen Ehe mit Verführung und Chaos, so entsteht in der nächsten Phase eine andere Wertung der Natur, der menschlichen Sexualität, und wird die Frau das

Bild dieses „anderen", weil sie in ihrer Körperlichkeit, in ihrem Schoß, davon zeugt. Kommt das griechische Denken hinzu, so sehen wir die Frau kaum als geistiges, sondern vor allem als sinnliches Wesen, unter dem Mann, der mit mehr Geist, mehr Vernunft, mehr Beherrschtheit *über* ihr steht. Die Ambivalenz des Mannes ist hier lebensgroß: er hat Angst vor seiner Sexualität, vor seiner Emotionalität und unterdrückt diese auf Kosten einer Frau; oder er läßt ihr freien Lauf bei anderen Frauen, die er anschließend verachtet, während er die eine in Ehren hält, aber in ihr vor allem die Mutter und *seine* Frau sieht. Insbesondere die christliche Religion hat sich mit der Sexualität immer schwer getan und hat die Jungfräulichkeit über alles erhoben; erst in dieser Rolle konnte die Frau, als Eva gefallen, die Höhe des Mannes erreichen.

Dieses dualistische Denken (d. h. in nicht mehr gleichgewichtigen, sondern in verabsolutierenden Gegensätzen) hat vor allem uns Frauen, aber letztlich – das zeigt sich heute – auch der Mutter Erde außerordentlich geschadet. Mary Daly interessiert sich vor allem für die falschen Bilder, und sie will die gesamte maskuline, patriarchalische Religion kastrieren, ihrer Macht berauben, um Frauen endlich Mensch werden zu lassen; Rosemary Radford Ruether betrachtet vor allem diesen Dualismus als „die" oder mindestens „eine" Quelle allen Übels: das Ausspielen von Polaritäten zu Gegensätzen, die einschränken, stereotypisieren, ein minderwertiges Selbstbild zur Folge haben und damit ein Verhalten, das diesem Bild genau entspricht. Es entsteht daher auch eine Art absoluten Gegensatzes zwischen Gut und Böse, Gott und Mensch, Himmel und Erde, Seele und Körper, Geist und Materie, der es schwierig macht, den Zusammenhang zu erkennen, und der die Frau immer mit dem Niedrigen identifiziert: sie ist irdisch, zum Bösen geneigt, stofflich usw.

Ich komme noch einmal auf meine Feststellung zurück: *Menschen machen Bilder* – nicht, um näher auf die Bilder einzugehen, sondern um das Subjekt, den Menschen, genauer zu definieren. Die Menschen, die über ihre Daseinsfragen nachgedacht und sie formuliert haben, sind, wie wir schon sagten, in der Geschichte immer Männer gewesen. Die Formulierung von Glaubenssätzen und die Theologie waren immer männliche Domänen, die in einer patriarchalischen Kultur ihren Ursprung finden, Frauen haben selten oder nie widersprochen, ausgenommen dort, wo es um mystische Erfahrungen ging. Die Männer sehen sich in der Gottesvorstellung und in der Sprache als Subjekt und die Frauen als Objekt. Ausgehend von ihrer Beobachtung der Frauen, von ihrer Normierung, zeichneten sie ein hierarchisch aufgebautes, übersichtlich strukturiertes Menschen- und Weltbild, dessen Ordnung beruhigend wirkte und von ihrer Projektion, daß Gott es so gewollt habe, sakralisiert wurde. Frauen lebten fromm, besuchten die Kirchen und hielten die Moral hoch, wie die Männer es vorgeschrieben hatten. Eines der Kennzeichen der feministischen Theologie ist nun gerade, daß endlich Frauen selbst Subjekt des Theologisierens werden; daß sie ihre eigenen religiösen Erfahrungen zulassen, zum Ausdruck bringen und es wagen, darauf zu vertrauen. Dieses Selbst-Subjekt-sein ist charakteristisch für verschiedene Befreiungstheologien, wie die black theology und die Befreiungstheologie der sozial unterdrückten Klasse Südamerikas. Unter Berufung auf die ursprüngliche Erfahrung eines Gottes, der aus dem Sklavenhause in Ägypten herausgeführt hat, übertragen die Unterdrückten diese Erfahrung auf ihre Situation.

Die unterdrückten Menschen müssen ihr Selbstbewußtsein, ein Gefühl des Eigenwerts, Autonomie entwickeln, wenn sie Subjekt werden und aus sich selbst heraus fühlen, denken, sprechen wollen. Erst dann ist die „selffulfilling prophecy" außer Kraft gesetzt, die so viele tausend Jahre bewirkt hat, daß Frauen von sich selbst sagten: ich bin nur eine Frau ...
Um zu diesem Selbstbewußtsein zu kommen, ist die Gemeinschaft notwendig, die „wir"-Erfahrung von Frauen, die einander zuhören und auf diese Weise einander zum Sprechen bringen.
Die feministische Theologie ist nahezu immer eine in der Gemeinschaft wachsende Theologie, die ihren eigenen Erfahrungsschatz und ihre eigene Geschichte als eine sehr wichtige Quelle erfährt und benutzt. Diese Gemeinschaft, die den Stimm- und Farblosen Stimme und Gesicht gibt, kommt auch zu einem anderen Gottesbild: nicht so sehr der mächtige, befehlende, sprechende Gott, sondern der tragende, verletzliche, lauschende Gott, der so kreativ zuhört, daß endlich Frauen anfangen zu sprechen.
Feministische Theologie will auch mehr ganzheitlich sein, weniger in Gegensätzen denkend, weniger abendländisch, mittelklasseorientiert, männlich und mehr ganzheitlich und allumfassend. Dies kommt zum Ausdruck in dem Begriff Schwesterlichkeit, d. h. Solidarität mit allen, die sich ihrer Unterdrückung bewußt geworden sind und auf eine neue Weise an die Inspiration aus dem Evangelium anknüpfen und sie entdecken wollen.

Aus: E. Moltmann-Wendel, Frauenbefreiung

24 C. Halkes, Feministische Theologie will befreien

Kann das Christentum hier noch Inspiration geben? Ich glaube schon, nämlich eine aus dem Evangelium kommende Inspiration, die gerade alle Unterdrückten und Verstoßenen befreien will. Jesus von Nazareth und seine Botschaft bedeuten wirklich: „die Welt ist umgedreht". Jesus von Nazareth ist zwar ein Mann gewesen, aber ohne männliches Überheblichkeitsgefühl. In seinen eigenen Gefühlen, Taten, in seiner Sprache und in seinen Bildern läßt er wirklich beide Aspekte unseres Menschseins sehen, spricht er gerade die unterdrückten und unbedeutenden Menschen an.
Weshalb dann diese mageren Resultate? Weil sich die Männer viel zu schnell der Kirche bemächtigt und in eine maskuline, imperialistische Kultur eingekapselt haben. Darum sind die Zeichen dieser Zeit, das Aufbegehren und der Aufstand der Frauen vor allem, Signale für eine weitergehende Offenbarung, auf deren Grundlage wir Schrift und Tradition erneut lesen und interpretieren müssen. Das Christentum hat, was die Frau betrifft, eine vielbedeutende Bildsprache eingeführt:
Eva oder Maria; die Frau als Verführerin oder die Frau auf einem Podest.
Die eine erniedrigt, die andere erhöht; beide werden gegen die Frau ausgespielt.
Die Frau, Eva, als der Sündenbock, auf die alle Begierden des Mannes, die er zutiefst fürchtete, projiziert wurden und die dann in der Wüste der Stille, der Stimm-losigkeit geschickt wurde; die Frau, Maria, die auf einen Thron gesetzt wurde, verehrt als „Unsere Dame" der höfischen Liebe, als die Madonna, die Muse; aber auch als Symbol der Barmherzigkeit, als „Zufluchtsort" zwischen einem strafenden Gott und dem Menschen. Da-

neben Maria als demütige Dienerin, von der Mädchen und Frauen ihre Dienstbarkeit herleiten mußten. Die Zeit ist reif, uns dessen bewußt zu werden, daß wir diese Bilder vom Staub befreien müssen und daß Eva bedeutet: die Mutter aller Lebenden; daß Maria in ihrer Begegnung mit jener anderen Frau, Elisabeth, ein Lied der Befreiung sang, in dem sie prophetisch sah, was „Heil" bedeutet: daß alle Mächtigen von ihrem Thron herunter müssen und alle Demütigen aufgerichtet werden.

Ich bin fest davon überzeugt, daß die feministische Theologie einen wesentlichen Beitrag zur Qualität unseres menschlichen Daseins liefern kann, nicht nur für uns persönlich, sondern auch auf struktureller und kultureller Ebene. Sie will Gesprächspartner aller feministischen Bewegungen sein, auch der feministisch-sozialistischen Bewegung, um von ihnen zu lernen und um sie weiterhin auf den Raum und die transzendente Dimension aufmerksam zu machen. Im übrigen behauptet Marcuse schon seit einigen Jahren: wenn sich der Marxismus nicht qualitativ durch den Feminismus vermenschlichen läßt, kann auch hier von Integration keine Rede sein. Deshalb ist Feminismus für mich etwas wesentlich anderes als Frauenemanzipation und mehr eine Kritik an ihr, so lange darunter noch gleiche Rechte, gleiche Pflichten und die Einfügung in die bestehenden Strukturen verstanden wird. Nach dem Erwerb der gleichen Rechte und Pflichten muß Raum für eine kritische Neubewertung der herrschenden Werte und Normen sowie für eine Aufwertung dessen vorhanden sein, was bisher als unverbindliche und „private" Qualität betrachtet wurde. So ist auch die feministische Theologie keine Ergänzung zur bestehenden Theologie, sondern sie muß die vorherrschende, rationelle, konzeptuelle männliche Theologie selbst von ihrer Einseitigkeit befreien. Der schlimmste Fehler der Kultur, Religion und Politik ist nicht einmal, daß sie *halb* sind, sondern daß sie meinen, „halb" sei genug, ja bedeute sogar „ganz"!

Die feministische Theologie ist keine weibliche Theologie, sondern will zu einer neuen Konzeption der Theologie beitragen, an der zu gegebener Zeit Frauen und Männer teilhaben.

In den Kirchen hat der Begriff „Brüderlichkeit" immer Anklang gefunden: ausgehend vom patriarchalischen Israel durchaus begreiflich. Wenn wir heute gern von „sisterhood", von Schwesterlichkeit sprechen, ist das nicht nur als Protest, als Polarisierung und Apartheid zu verstehen; es ist vielmehr ein neues Symbol für *die* Frauen, die sich in einem Bewußtwerdungsprozeß befinden, *sowie* für alle Frauen und Männer, die wo und wie auch immer eingeschränkt und unfrei leben. Schwesterlichkeit ist die Verbundenheit aller in einer akzeptierenden bedingungslosen Liebe und Solidarität. Sie wendet sich *gegen* die doppelte Moral, die Frauen verurteilt und Männer freispricht, *gegen* Übermacht, die zermalmt und zerschmettert, *gegen* eine Technik, die verunmenschlicht und entfremdet, *gegen* sexuellen Libertinismus, der die Frau erneut zum Objekt macht und sie allein als Körper sieht, *gegen* die Ausbeutung von Sklaven, Schwarzen, Machtlosen durch Supermänner und durch das Kapital, aber auch *gegen* die Vergewaltigung der Mutter Erde, der Natur und der gesamten Schöpfung, die unwirtlich gemacht und ausgelaugt wird. Feministische Theologie will vor allem über die menschliche Würde von Mann und Frau nachdenken; über die Befreiung der Unterdrückten wie auch der Unterdrücker. Gerade darin könnte der Anfang ihres Beitrags liegen.

Feminismus halte ich für eine notwendige, vorgezeichnete Phase, notwendig für

Mensch und Kultur; aber, so hoffe ich, eine vorübergehende, die nur solange dauert, wie die ausschließlich männliche Vorherrschaft noch besteht. Die Geburt der neuen Frau kann jedoch auch die Geburt des neuen Mannes bewirken und damit den „ganzen" Menschen schaffen, in dem beide Aspekte mehr integriert sind.

Frauen werden in ihrem Leben genauso sündigen wie Männer. Perfektion läßt sich hier nicht erreichen, auch nicht durch den Feminismus. Aber wer, stehend in dem Raum, den Bewegungen des Geistes Gottes folgen kann und will, wagt, auf eine Bewegung, eine Entwicklung „from machismo to mutuality" (vom Machismus zur Gegenseitigkeit) zu hoffen.

Vielleicht hat der Mensch vor dreitausend Jahren davon bereits eine Vision gehabt, als er die andere Schöpfungsgeschichte formulierte: Gott sprach, laßt *uns* den Menschen machen nach *unserem* Bilde, uns ähnlich ... als Mann und Frau schuf Gott den Menschen. „Gott" hat hier männliche und weibliche Züge: der Mensch also auch.

Thesen oder Schlußfolgerungen

1. Wenn sich die Theologie nicht ernsthaft mit der Befreiung der Frau befaßt, werden Kirche und Christentum für die Frauen ebenso irrelevant, wie sie das bereits für große Gruppen von Arbeitern und Intellektuellen sind.
2. Die Einseitigkeit der Bundestheologie (bzw. das Bild Bräutigam – Braut) bedarf dringend einer Ergänzung durch die Schöpfungstheologie, in der Frau und Mann nach Gottes Bild und Gleichnis geschaffen wurden.
3. Die feministische Theologie legt allen Nachdruck darauf, daß die Erde dem Menschen nicht zur Beherrschung, sondern zur Verwaltung gegeben worden ist, d. h. um sie mit Respekt und Sorgfalt zu behandeln und sie nicht zu „vergewaltigen" und auszubeuten. Auch für die Beziehung Mensch – Erde gilt: vom Machismus zur Gegenseitigkeit.
4. Das Prinzip zweier unabhängiger Prinzipien: Gut und Böse (Gnosis) ist vom jüdisch-christlichen Schöpfungsglauben abgewiesen worden; aber es hat in der Geschichte des Sündenfalls und der Wirkungsgeschichte weitergewirkt.
5. Dienstbarkeit, Demut, Zweitrangigkeit, Schweigen, den Frauen gepredigt, Macht, Einfluß, Herrschaft, den Männern zugestanden, haben bis jetzt die wirkliche Inkarnation Gottes verhindert und die Gestalt Christi verdunkelt. Gottes radikalem Willen zur Gleichheit, vernommen in Christus, wird durch Strukturen und Hierarchien der Ungleichheit grundsätzlich gewehrt. Die Mensch-Werdung der Frau, ihre Erhebung und ihr Sprechen müssen vor diesem Hintergrund gesehen werden.
6. Es ist höchste Zeit, daß die feministische Theologie ihren Einzug in die theologischen Fakultäten hält, daß Pastorat und Verkündung von ihr berührt werden, vor allem um Menschen ganzheitlicher zu machen, aber ebenso sehr, um zur Erneuerung der Theologie selbst zu kommen.
7. Gerade aus ihrer Befreiung der Einschränkung, der Bewußtwerdung und Befreiung werden feministische Theologen selber in authentischer Weise empfindsam für jede Form der Unterdrückung durch ungerechte Menschen und Strukturen.

Die feministische Theologie fühlt sich deshalb verwandt mit der Befreiungstheologie in Südamerika, mit der Black theology in den Vereinigten Staaten und in Südafrika, mit der Red theology usw., und ist selbst ein in unserer eigenen Kultur entstandenes Beispiel für eine Befreiungstheologie. Die feministische Theologie kann aus sich selbst heraus einen kritischen Beitrag zur Befreiung von den ungerechten Strukturen im Westen leisten.

Aus: E. Moltmann-Wendel, Frauenbefreiung

Quellenverzeichnis

1 Margaret Thatcher: Frankfurter Rundschau 23.11.90
Mutter Teresa: Darmstädter Echo, Darmstadt
Steffi Graf: Darmstädter Echo 31.12.90, Darmstadt
Australien ist riesig: in: Christiane Schmerl, Frauenfeindliche Werbung, Elefanten Press, Berlin 1980, S. 89
Pfarrerin: Privatbesitz Gisela Hahn-Rietberg, Pforzheim
2 Clint Eastwood/Mahatma Gandhi: Darmstädter Echo 23.6.90
Otto von Bismarck, in: Religion heute 1/90, Velber, Seelze
Rambo, a.a.O., S. 42
Strickender Mann, a.a.O., S. 38
Pfarrer: Privatbesitz Johannes Rietberg, Pforzheim
3 Mahnworte eines Seelsorgers an junge Hausfrauen, in: Jutta Menschik (Hg.), Grundlagentexte zur Emanzipation der Frau, Pahl-Rugenstein, Köln 1977, S. 33 ff.
4 „Ich möchte lernen, ich selbst zu sein", in: Kursbuch 47, Rotbuch Verlag, Berlin 1977, S. 143–146
5 Rainhard Fendrich: Macho Macho, Fechter Musikverlag KG, Wien 19/Gedur Musikverlags GesmbH, Wien 3
6 Anna Petermann, Christine Darmstadt, Frauen in Kneipen, in: Kursbuch 47, Rotbuch Verlag, Berlin 1977, S. 60–64
7 Ina Deter, Frauen kommen langsam, aber gewaltig, Mobi Music Verlag Ina Deter, Köln 1977; c/o Musik-Edition Discoton GmbH (BMG UFA Musikverlage), München
8 Zeus gebiert Adam, in: E. Sorge, Religion und Frau, Kohlhammer, Stuttgart 1985, S. 125
Eva wird von Adam geboren, in: E. Sorge, Religion und Frau, Kohlhammer, Stuttgart 1985, S. 126
9 Der matriarchale Lebensbaum, in: E. Sorge, Religion und Frau, Kohlhammer, Stuttgart 1985, S. 129
10 E. Sorge, „... er aber soll nicht Dein Herr sein", in: Religion heute, Informationen zum Religionsunterricht 3/81, Schroedel, Hannover 1981, S. 2–9
11 Phyllis Trible, Gegen das patriarchalische Prinzip in Bibelinterpretationen, in: Elisabeth Moltmann-Wendel (Hg.), Frauenbefreiung, Kaiser, München 1978, S. 93 ff.
12 Helmut Gollwitzer, Das hohe Lied der Liebe, Kaiser, München 1978, S. 21–35
13 Ina Deter, Neue Männer braucht das Land, Mobi Music Verlag Ina Deter, Köln 1977; c/o Musik-Edition Discoton GmbH (BMG UFA Musikverlage), München
14 Herbert Grönemeyer, Männer, Kick Musikverlag/Grönland Musik Verlag
15–19 Franz Alt, Jesus – der erste neue Mann, Piper, München 1989, S. 64 ff. und S. 77 ff.
20 Paulus: Textauszüge aus seinen Briefen im Neuen Testament, interpretiert durch Roland Goeden, in: Religion heute 1/90, Velber Verlag, Seelze, S. 46/47 und Religion heute 2/90, S. 127–129
21 Erhard S. Gerstenberger/Wolfgang Schrage, Frau und Mann, Kohlhammer, Stuttgart 1980, S. 119 ff.
22 Erhard S. Gerstenberger/Wolfgang Schrage, Frau und Mann, Kohlhammer, Stuttgart 1980, S. 183 ff.
23 Catharina J. M. Halkes, Was ist feministische Theologie? (Auszug aus: Über die feministische Theologie zu einem neuen Menschenbild), in: Elisabeth Moltmann-Wendel, Frauenbefreiung, Kaiser, München 1978, S. 181–186
24 Catharina J. M. Halkes, Feministische Theologie will befreien. (Auszug aus: Über die feministische Theologie zu einem neuen Menschenbild), in: Elisabeth Moltmann-Wendel, Frauenbefreiung, Kaiser, München 1978, S. 188–191